CAHIERS
▶ n° 172 / 1ᵉʳ trimestre 2023
PHILOSOPHIQUES

CAHIERS PHILOSOPHIQUES
est une publication de la Librairie Philosophique J. Vrin
6, place de la Sorbonne
75005 Paris
www.vrin.fr
contact@vrin.fr

Directeur de la publication
DENIS ARNAUD

Rédactrice en chef
NATHALIE CHOUCHAN

Comité scientifique
BARBARA CASSIN
ANNE FAGOT-LARGEAULT
FRANCINE MARKOVITS
PIERRE-FRANÇOIS MOREAU
JEAN-LOUIS POIRIER

Comité de rédaction
ALIÈNOR BERTRAND
LAURE BORDONABA
MICHEL BOURDEAU
JEAN-MARIE CHEVALIER
MICHÈLE COHEN-HALIMI
JACQUES-LOUIS LANTOINE
BARBARA DE NEGRONI
STÉPHANE MARCHAND
SÉBASTIEN ROMAN

Sites internet
www.vrin.fr/cahiersphilosophiques.htm
http://cahiersphilosophiques.hypotheses.org
www.cairn.info/revue-cahiers-philosophiques.htm

Suivi éditorial
ÉMILIE BRUSSON

Abonnements
FRÉDÉRIC MENDES
Tél. : 01 43 54 03 47 – Fax : 01 43 54 48 18
abonnement@vrin.fr

Vente aux libraires
Tél. : 01 43 54 03 10
comptoir@vrin.fr

La revue reçoit et examine tous les articles, y compris ceux qui sont sans lien avec les thèmes retenus pour les dossiers. Ils peuvent être adressés à : cahiersphilosophiques@vrin.fr. Le calibrage d'un article est de 45 000 caractères, précédé d'un résumé de 700 caractères, espaces comprises.

ISSN 0241-2799
ISSN numérique : 2264-2641
ISBN 978-2-7116-6025-4
Dépôt légal : septembre 2023
© Librairie Philosophique J. Vrin, 2023

SOMMAIRE

ÉDITORIAL

Dans *Les Politiques*, l'homme est caractérisé par Aristote comme *zoon logikon*. Cette définition par « genre prochain et différence spécifique » participe d'un effort de rationalisation du réel dont la condition nécessaire est l'affirmation métaphysique d'essences ou de formes stables. Parmi les êtres naturels, les êtres vivants peuvent ainsi être distingués et reconnus par des traits « spécifiques » qui relèvent d'une causalité finale au sein d'un « monde éternel incréé »[1]. Les *espèces* préexistent aux individus vivants et ordonnent, de façon optimale, leur « mode de vie (*bios*) ». La relation de l'individu à l'espèce et au genre ainsi que la « définition » de l'espèce apparaissent d'emblée délicates puisqu'il y va d'une articulation entre logique et ontologie. La fixité des espèces dans un cadre téléologique n'est toutefois qu'une approche théorique possible qui, si elle se soutient de nombreuses observations empiriques, ne repose pas moins sur des principes métaphysiques sujets à discussion. Anaximandre ou Démocrite ont déployé une tout autre pensée de la dynamique propre aux individus vivants, au sein d'une histoire naturelle qui s'efforce de faire l'économie de toute finalité et de toute providence : l'individu précède l'espèce, il contribue à son apparition et à sa mise en forme dans la mesure où il s'inscrit dans une temporalité et laisse une empreinte singulière constitutive de son « biotope »[2].

Toute classification implique de faire appel à une notion d'espèce et de discerner des traits, des attributs qui permettront de répartir les individus en classes, qu'il s'agisse d'une approche logique, métaphysique, biologique ou anthropologique. Si ce numéro aborde certaines difficultés épistémiques qui ont jalonné l'histoire de la notion d'espèce depuis l'Antiquité, c'est surtout au prisme des usages et des pratiques contemporains dont celle-ci fait l'objet.

Au cours de l'élaboration des sciences biologiques à partir de la fin du XVIIIe siècle, l'opposition entre fixité et évolution des espèces constitue derechef un point de bascule majeur. Linné invente une *systématique* destinée à désigner et classer rigoureusement les espèces, en les regroupant en genres, en familles, en classes et en distinguant au sein des espèces elles-mêmes, des sous-espèces et des variétés. Ce travail scientifique considérable entend bien rester en cohérence avec le texte de la Genèse qui tient que les espèces ont été créées séparément et qu'elles sont vouées à demeurer telles que le Créateur les a voulues[3]. Linné prend bien soin de distinguer les variétés ou espèces dites « anormales » car produites artificiellement par les jardiniers, des espèces originelles créées par Dieu[4]. Les variétés des jardiniers ne comptent pour rien dans le grand classement de la diversité biologique. Le texte biblique établit une autre césure, encore plus radicale, entre deux genres, les êtres humains d'un côté et de l'autre, toutes les autres espèces réunies dans un « genre animal ». La théorie darwinienne de l'évolution

---

1. *Cf.* A.-L. Therme, « Les vivants, empreintes de leur biotope (Anaximandre, Démocrite) », p. 11.
2. *Ibid.*, p. 24.
3. *Cf.* Entretien avec P.-H. Gouyon, p. 105.
4. *Ibid.*, note 2, p. 105.

met au contraire en avant la différenciation progressive des formes vivantes jusqu'à l'humanité dont le diagramme de « l'arbre de la vie » schématise les embranchements et bifurcations. L'approche évolutionniste diminue fortement l'importance de la notion d'espèce, elle n'est plus qu'un niveau parmi d'autres dans un continuum de formes qui va des individus aux familles, en passant par des variétés, des espèces et des genres. Dans une lettre datée de 1860, Darwin regrette d'ailleurs la conception « bigote » de l'espèce soutenue par la majeure partie des naturalistes dont il est contemporain[5].

Dans une perspective diachronique et transformiste, la réalité de l'espèce biologique ne disparaît pas complètement. L'ontologie *cladiste*, proposée par W. Hennig au début du XXᵉ siècle, initie une classification phylogénétique afin de renouveler les relations entre phylogénie et classification[6]. La classification en *clades* est structurée par les relations d'*ancestralité*, sous forme d'arborescences à différentes échelles, et ce d'autant plus aisément que le fait d'avoir un ancêtre commun est une relation transitive, par différence avec les relations de *similarité* antérieurement utilisées dans la taxinomie (lorsqu'on s'éloigne du premier ancêtre, la similarité peut se perdre mais l'ancestralité demeure).

La notion d'espèce n'est pas propre à la biologie, elle intervient aussi à la charnière entre des disciplines, entre des approches théoriques différentes qu'elle contribue à articuler. Ainsi la philosophie du langage se préoccupe-t-elle des « espèces naturelles » dans le cadre d'une réflexion plus large sur les liens entre langage et réalité : que désigne-t-on, à quoi fait-on référence lorsqu'on utilise le nom *tigre* ou n'importe quel autre nom d'espèce ? La « théorie causale de la référence » élaborée par Kripke et Putman affronte ces questions et en renouvelle le traitement. Le nom *tigre* renvoie à un étalon de référence valable pour tous les usages ultérieurs de ce terme, étalon constitué par un échantillon restreint de tigres individuels[7]. Il y aura un tigre-étalon tout comme il y a en physique un mètre-étalon, les modalités conventionnelles de fixation de cet étalon étant tout à fait hétérogènes.

La zoologie, à qui revient la tâche essentielle de déterminer les noms scientifiques de taxons, adopte une démarche qui fait écho au cadre défini par Kripke. Les règles d'assignation des noms sont systématisées dans le *Code international de nomenclature zoologique*[8]. Ce qui sert de référence et permet de baptiser un taxon est un spécimen unique – non un échantillon – un *holotype*, collecté, numéroté, daté et conservé dans une institution où il pourra être consulté. Ce qui importe donc au plus haut point, c'est l'autorité référentielle conférée au baptême ostensif d'origine et la stabilisation *a priori* du nom d'espèce qui en découle. C'est à cette autorité qu'il convient de se référer en cas de conflit taxinomique[9].

La nomenclature zoologique n'est qu'un des domaines où le recours à la notion d'espèce fait difficulté. L'ancienne querelle des universaux perdure en effet dans les sciences biologiques qui voient se rejouer – autour de l'espèce,

■ 5. *Cf.* Entretien avec P.-H. Gouyon, p. 107.
■ 6. *Cf.* Ph. Huneman, « Entre les légumes et les poissons. Des genres naturels en sciences biologiques », p. 47-48.
■ 7. *Cf.* F. D. Vieira Contim, « Y a-t-il un tigre étalon ? », p. 25 *sq.*
■ 8. *Ibid.*, p. 30-31.
■ 9. *Ibid.*, p. 41.

de la variété ou du genre – l'opposition entre nominalisme et réalisme. La récente définition biologique de l'espèce – proposée par le biologiste de l'évolution E. Mayr – est plutôt réaliste car elle met en avant le critère de l'interfécondité des individus d'une population naturelle donnée. Cela exclut-il de reconnaître la pertinence et l'utilité d'autres classes de vivants qui ne sont pas des « espèces » *stricto sensu* ? Le cas des « poissons » est à cet égard remarquable : du point de vue de la biologie de l'évolution, il n'est pas du tout assuré que les « poissons » existent c'est-à-dire constituent un groupe pertinent en termes d'évolution, alors que l'utilisation de cette catégorie est légitime et nécessaire du point de vue d'une écologie fonctionnelle, entendue comme « science des transformations des écosystèmes en fonction des transports de flux d'énergie, de matière et d'information... »[10].

Même au sein des sciences biologiques, il n'y a pas d'univocité de « l'espèce », ce sont les réquisits des pratiques scientifiques qui en légitiment l'usage, confirmant une certaine part de convention dans les catégories classificatoires et la pertinence d'un « pragmatisme modéré »[11]. En biologie de la conservation, sous-discipline de l'écologie, la notion d'espèce est mobilisée, de façon descriptive *et* normative, à l'aune du problème complexe de la *biodiversité* : comment appréhender la diversité biologique et quelles sont les conditions les plus favorables à son maintien voire à son renforcement ? Ces questions se heurtent à un puissant obstacle épistémique car, si nous sommes héritiers des bouleversements apportés par la théorie de l'évolution, la pensée commune de la séparation et de la fixité des espèces n'a pas véritablement disparu[12]. La biodiversité se voit ainsi le plus souvent ramenée à un catalogue de diverses espèces et ce biais constitue un écueil majeur pour la conduite ajustée de politiques de protection de ladite biodiversité.

Recourir à l'espèce, c'est donc opérer des classifications dont les modalités, la finalité et les usages sont hétérogènes les uns aux autres. Les discussions théoriques qui traversent actuellement l'anthropologie se focalisent justement sur l'opportunité du recours à cette notion habituellement très présente dans les enquêtes ethnographiques. Cette science anthropologique, aujourd'hui engagée dans une critique de l'ethnocentrisme et de l'anthropocentrisme, rejette tout ce qui s'apparente à une essentialisation des groupes sociaux[13]. C'est en particulier l'hégémonie du « naturalisme moderne » qui est visée et avec lui, la séparation ontologique entre l'homme et l'animal. Une partie des anthropologues y oppose l'abolition complète de la frontière entre humains et non humains et délaisse pour cette raison les taxinomies d'espèces antérieurement décryptées dans un cadre ethnobiologique, au profit de la recherche de capacités intentionnelles et cognitives partagées par les humains et les non-humains. « Les multiples entités composant le monde […] sont diluées dans la catégorie généreuse du "vivant" … »[14] dans un face-à-face où une sorte d'ontologie animiste se substitue au naturalisme dans le but de se défaire de la suprématie injustifiée de l'homme sur l'animal.

10. Cf. Ph. Huneman, « Entre les légumes et les poissons. Des genres naturels en sciences biologiques », p. 52.
11. *Ibid.*, p. 54 q.
12. *Cf.*, Entretien avec P.-H. Gouyon, p. 105.
13. Cf. J.-B. Eczet, « Essences, espèces et qualités. Notes sur l'anthropologie et les animaux », p. 61-84.
14. *Ibid.*, p. 70.

Les études ethnographiques découvrent pourtant d'autres configurations de la relation homme/animal, tout particulièrement dans un contexte agropastoral. L'omniprésence du bétail dans la vie sociale est notoire dans tout le pastoralisme est-africain. Chez les Mursi du sud-ouest éthiopien, ce sont les différentes couleurs des robes des bovins qui constituent les taxons élémentaires de toute mise en ordre du monde. Elles permettent de décrire et de classer n'importe quel élément du monde – individu, lieu, événement... Les hommes diffèrent de leurs bêtes mais partagent avec elles certaines qualités colorées associées à des comportements qui tiennent lieu d'essence commune, tout en les séparant en différentes « espèces » : chaque individu humain est ainsi désigné, nommé selon une couleur, celle d'une robe bovine, et cela l'inclut dans l'espèce constituée par toutes les réalités qui partagent cette qualification.

Les enjeux pratiques impliqués par ces différents travaux théoriques sont considérables dès lors qu'on les rattache au bouleversement climatique en cours et à la sixième extinction de masse des espèces. Les pratiques agricoles et d'élevage, indissociables d'un modèle d'alimentation auquel elles contribuent, sont concernées au premier chef. Jusqu'à la seconde moitié du XXe siècle, explique P.-H. Gouyon [15], « chaque paysan faisait des choix avec ses propres critères dans les conditions écologiques de sa ferme », et de surcroît, les paysans échangeaient des organismes. Ces pratiques paysannes, qui sont aujourd'hui très largement empêchées par l'imposition du modèle agro-industriel, ont produit « une immense diversité de formes » [16] et les scientifiques ont progressivement compris que cette diversité constitue en soi une protection contre les aléas météorologiques et climatiques. L'homogénéisation des cultures – dont l'introduction des OGM est un vecteur majeur – a constitué « une erreur agronomique profonde » [17] au même titre que l'usage illimité et inconsidéré des pesticides et herbicides visant à éliminer insectes, parasites et « mauvaises herbes ». « Conserver les espèces une par une est exactement le contraire de conserver une dynamique » [18]. Protéger la biodiversité, c'est au contraire veiller à assurer le processus dynamique de formation des espèces, qu'il soit naturel ou qu'il découle des pratiques de culture et d'élevage. Les êtres humains ont été capables de le faire depuis 12 000 ans – et le sont encore en certains rares lieux du globe.

En 1878 déjà, sur la base de ses observations empiriques, H. A. du Bary proposait le concept biologique de *symbiose* destiné à penser « les phénomènes de la vie en commun d'organismes différents » [19] et en faire le moteur de l'évolution des espèces au rebours du modèle d'une nécessaire lutte pour la vie. Il existe une dynamique de co-évolution des espèces essentielle à la conservation du vivant.

Nathalie Chouchan

■ 15. *Cf.* Entretien avec P.-H. Gouyon, p. 107.
■ 16. *Ibid.*, p. 107.
■ 17. *Ibid.*, p. 111.
■ 18. *Ibid.*, p. 115.
■ 19. *Cf.* A. Bertrand, « De l'observation des lichens au concept de symbiose, et au-delà », p. 85-94.

DOSSIER

Aux frontières de l'espèce

NOTE D'INTENTION

Ce numéro est né de la volonté d'éclairer la distorsion entre les usages juridiques, économiques mais aussi financiers de la notion d'espèce dans les dispositifs d'encadrement de la biodiversité, et les problèmes posés par cette même notion dans l'ordre théorique, particulièrement en biologie, en anthropologie et en métaphysique. De cette intention initiale témoignent ici les propos de Pierre-Henri Gouyon, Professeur émérite au Museum National d'Histoire Naturelle, qui montre admirablement comment l'équilibre dynamique de l'écologie évolutive échappe à toute saisie par des listes d'espèces, menacées ou non. Cette analyse de l'échec général des politiques de préservation de la nature – malgré quelques réussites locales – a été confortée par une étude magistrale publiée très peu de temps après cet entretien. Établie à grande échelle à partir de métadonnées, celle-ci établit non seulement pour la première fois que l'Europe a perdu 800 millions d'oiseaux durant les quarante dernières années, mais elle montre que la cause principale de cette hécatombe tient aux modernisations agricoles, et notamment à l'augmentation de la quantité d'engrais et de pesticides répandus dans les champs par hectares[1]. De fait ces pratiques ont très largement échappé aux réglementations sur la protection de la nature, puis aux créations des Parcs naturels, des zones ZNIEFF, Natura 2000, ou encore aux directives européennes Habitats et Oiseaux.

Il était cependant difficile de tenir ensemble les problèmes théoriques posés par la notion d'espèce et le questionnement des politiques de la nature qui se fondent sur elle. Documenter l'histoire au long cours des criblages opérés par le droit, l'économie, ou, aujourd'hui, la finance, sur les données scientifiques dépassait les limites d'un numéro de revue. Choisir quelques exemples illustratifs de cette tension capitale restait possible, mais aurait sans doute conduit à des conclusions hâtives, biaisant excessivement qui plus est l'enquête philosophique. Il aurait fallu aussi compléter ces analyses et critiques de propositions constructives, ce qui était encore un tout autre travail. Enfin, même si la séparation croissante des réglementations et dispositifs pratiques fondés sur l'espèce, et les progrès ou avancées réflexives concernant cette même notion ont été spectaculaires au cours des cinquante dernières années, cette disjonction n'est pas nouvelle. Peu de temps sépare la création du terme d'écologie par Ernst Haeckel en 1866 ou celle de symbiose par d'Heinrich Anton de Bary et la première convention internationale relative aux oiseaux utiles

1. S. Rigal, V. Dakos, H. Alonso et V. Devictor, « Farmland practices are driving bird population decline across Europe », *PNAS*, 2023.

pour l'agriculture signée à Paris le 19 mars 1902, qui repose exclusivement sur la protection des *espèces* sauvages…

Nous avons donc pris un autre parti : éclairer les avancées et bouleversements de la réflexion théorique sur la notion d'espèce en demandant aux autrices et auteurs de ménager des circulations entre les champs qui jouxtaient les leurs : faire en sorte que les nouveaux labyrinthes de la systématique déchiffrés par la philosophie de la biologie nourrissent à la fois les discussions métaphysiques sur les notions d'espèces naturelles et les plans anthropologiques larges qui resituent les classifications naturalistes dans la diversité des catégorisations des modes, ou que la butée logique des phénomènes symbiotiques rejaillisse sur les manières de lire les corpus anciens. Les analyses des modifications profondes de la manière de comprendre l'espèce en biologie, en philosophie des sciences, en anthropologie, en métaphysique ou même en histoire de la philosophie témoignent donc ici d'un effort collectif souterrain. Nous savions que chacune et chacun garderait aussi à l'esprit en ligne d'horizon la menace de sixième extinction et l'impuissance du droit à l'enrayer. Que chacun des autrices et auteurs soit remercié de s'être prêté à cet exercice devenu peu commun : ne pas seulement se tenir à la pointe d'un champ disciplinaire délimité, comme nous y poussent les institutions de recherche, mais risquer un pas de côté pour ménager des ponts entre disciplines connexes. Pour autant, ce numéro ne prétend pas à l'interdisciplinarité à proprement parler, mais plutôt à une manière de renouer avec une pratique philosophique en passe de tomber en désuétude. La présence de Camille Nôus n'y est peut-être pas étrangère. Nous espérons ce faisant que les lignes de force réflexives qui se dégagent aux frontières de l'espèce nous rendent mieux à même d'affronter les difficultés du présent et les impasses de nos constructions juridiques[2].

Aliènor Bertrand et Camille Noûs

■ 2. Camille Noûs est une fiction tutélaire qui symbolise le caractère collégial du travail savant. Elle apparaît ici également en signature de l'article de Ph. Huneman, p. 60.

DOSSIER

Aux frontières
de l'espèce

LES VIVANTS, EMPREINTES
DE LEUR BIOTOPE
(ANAXIMANDRE, DÉMOCRITE) [1]

Anne-Laure Therme

Pour les premiers penseurs grecs, si l'apparition et l'évolution des espèces sont dues à une causalité physique nécessaire, celle-ci va se manifester, selon les conditions locales, par la réalisation d'une immense variété de possibles. La zoogonie de Démocrite témoigne ainsi du fait qu'avant de faire espèce, chaque vivant a d'abord été un individu, dont le *type* caractéristique se révèle être l'empreinte (*tupos*) singulière de son biotope propre. Par ce terme, on entend rendre compte de l'inscription de chaque vivant dans une imbrication d'enveloppes ou membranes plastiques en interaction mutuelle, qui constitue son monde et caractérise son *bios*, le mode d'existence par lequel il devient tel.

S i les espèces vivantes actuelles n'ont pas toujours été telles qu'elles sont, comment et pourquoi le sont-elles devenues ? Platon comme Aristote refusent l'évolutionnisme de leurs prédécesseurs, l'un par le créationnisme démiurgique du *Timée*, l'autre en posant un monde éternel incréé : c'est une fois pour toutes que les caractères spécifiques des vivants leur ont été idéalement attribués – que ce soit par une intelligence ou par la nature –, et qu'une façon de vivre leur été définitivement assignée en conséquence de leur constitution, de leurs besoins et de leurs possibilités. C'est donc de la forme spécifique de chaque *vivant* (*zôion*) que dériverait son *mode de vie* (*bios*) : à tel type de *zôion*, tel type de *bios* – à tel type de vivant, tel type de mode de vie et de comportement, l'essence précédant et conditionnant l'existence. Ces théories fixistes s'inscrivent dans une perspective téléologique ; la perfection de l'ordre du monde exige sa stabilité et l'éternité des espèces, organisées en vue du meilleur, du plus approprié (la fonction créant l'organe). Elles contestent ainsi délibérément

■ 1. Mes remerciements vont à Aliènor Bertrand et aux organisateurs des Séminaires à Aix (A. Balansard), Paris (PHUTAM, A. Buccheri, A. Macé, L. Wash) et Créteil (SEnS, A. Benmakhlouf et P. Savidan) m'ayant invitée à présenter mes travaux sur les zoogonies du limon.

les conceptions antérieures, dénonçant leur absence de finalisme, l'idée même d'une évolution des espèces impliquant un tâtonnement de la nature, un enchaînement mécanique aveugle faisant intervenir le hasard. Mais le changement de paradigme ne se limite pas à cette opposition : il ressort en effet de l'examen des textes présocratiques que les processus d'apparition, de transformations successives et de disparition des espèces vivantes sont profondément conditionnés par ce que nous appellerons leur biotope. Chaque type de *vivant* (*zôion*) est littéralement l'empreinte, à un moment donné, des différentes phases d'*existence* (*bios*) qu'il a traversées et se sont successivement imprimées en lui, de sorte qu'avant d'être un *type* au sens d'espèce, chacun le fut d'abord au sens d'*empreinte* singulière.

Avant de désigner une forme déterminée, une espèce, un modèle défini, le grec *tupos*, qui apparaît dans les contextes zoogoniques, renvoie en effet au processus typographique d'impression de caractères. Un témoignage d'Hippolyte sur Xénophane évoque ainsi les fossiles, témoins que les formes de vie actuelles n'ont pas toujours existé, que d'autres les ont précédées qui ont depuis disparu [2]. Il est donc possible d'inférer, à partir des traces visibles, les états antécédents du monde. Les empreintes laissées dans la boue, qui s'est depuis pétrifiée, sont ici conçues comme des preuves empiriques des étapes zoogoniques des temps reculés, jouant le rôle de *révélateurs* archéologiques et épistémologiques. Mais il s'agit ici d'aller plus loin et de défendre l'idée que les empreintes (*tupoi*), en particulier dans la boue, constituaient le mode même d'engendrement des êtres vivants, plus précisément des animaux.

Parmi le maigre corpus de textes qui nous restent, il apparaît, non seulement que les caractéristiques spécifiques des différentes *formes de vivants* (des différents *zôia*) vont conséquemment impliquer divers types de *façons de vivre*, de *bios*, mais réciproquement que les formes vivantes mêmes (les différents *zôia*) sont les empreintes de leurs conditions d'existence et d'apparition (de leurs différences de *bios* et de biotopes).

« La vie », *bios* et *zôè* : rupture ou continuité ?

Biotopos – littéralement, le *lieu* (*topos*) de *vie* (*bios*) – n'existe pas en grec. *Bios*, qui peut signifier *milieu* ou *lieu de vie*, remplit déjà ce rôle sémantique, tout en inscrivant le concept dans une compréhension moins restreinte et pas exclusivement topologique.

Comme *zôè*, *bios* est l'un des termes pour dire la vie (le grec en connaît d'autres : *zèn*, *aiôn*…). Tout être doué de vie (*zôè*) est un *zôion*, littéralement un *vivant* (avant que le terme soit peu à peu réservé à l'animal), mais chacun

2. « Xénophane pense que la terre se mélange avec la mer et qu'avec le temps elle est dissoute par l'humidité, disant qu'il en a comme preuve qu'on trouve des coquillages sur la terre ferme et dans les montagnes ; et il dit qu'à Syracuse on trouve dans les carrières la forme (τύπον) d'un poisson et de phoques, à Paros la forme de coraux dans la profondeur de la pierre, et à Malte des plaques de marbre <contenant> toutes sortes de créatures marines. Il dit que tout cela a eu lieu quand toutes les choses étaient, il y a longtemps, couvertes de boue et que la forme dans la boue s'est asséchée. Et que tous les hommes sont détruits quand la terre déposée dans la mer devient boue, et qu'ensuite la génération se produit à nouveau, et que ce changement a lieu dans tous les mondes » (21A33). Les références sont données dans l'édition Diels-Kranz. Les traductions sont de A. Laks et G. W. Most (LM), *Les débuts de la philosophie – Des premiers penseurs grecs à Socrate*, Paris, Fayard, 2016.

a son mode de vie, son *bios* propre. Ce *bios* comprend tout ce qui relève de son *existence* en tant que vivant, l'ensemble de ses conditions de vie, et en particulier son inscription dans une temporalité. C'est ce que mettent en évidence les usages par Empédocle, Démocrite et les sophistes, qui désignent par là la durée de la vie individuelle, mais aussi les moments ou âges qui la jalonnent, de son commencement à son acmé, quand elle « est en fleur »[3], jusqu'au soir de la vie. Or vivre dans le temps ne consiste pas à subir passivement des changements : disposant d'un pouvoir d'action, tout vivant mène son existence d'une certaine manière. *Bios* prend ainsi une inflexion morale s'agissant de l'humain, responsable de sa conduite sage ou insensée, d'avoir une « vie bien réglée » (Démocrite, fr. 61) plutôt qu'une « vie bestiale et errante » (Critias, fr. 25). Toute façon de vivre, *bios*, implique une *praxis*, une façon d'agir. Qu'il soit prescriptif de valeurs (telles les préconisations morales d'une vie sage et bonne) ou simplement factuel et descriptif (comme les moyens ou ressources dont le vivant dispose pour subsister), le *bios* insiste sur le « comment », le mode d'existence et les conditions dans lesquelles il s'enracine, dans une large extension allant du biologique au social (de l'économique à l'éthique).

Les conditions effectives de formation et de développement des vivants s'inscrivent en eux.

La polysémie de *bios* pour dire la vie nous incite à penser ensemble ces trois dimensions du mode d'être propre à tout vivant sans les disjoindre : le caractère individué ou individuel de son existence, son inscription dans une temporalité lors de laquelle il se transforme, son implication enfin dans un ensemble de conditions qui ne constituent pas seulement un donné extérieur, mais sont le fruit d'interactions avec la manière dont il se développe et mène sa vie (et, s'agissant de l'éthique, choisit la vie qu'il mène).

Or selon une vision devenue désormais classique, essentiellement initiée par Hannah Arendt[4] et reprise par Giorgio Agamben[5], les Grecs auraient opéré une distinction très nette entre la *zôè* et le *bios*, recouvrant celle entre nature et culture : la *zôè* serait *la vie biologique*, « la vie nue », selon l'expression d'Agamben, le phénomène vital pris comme fait pur ; *bios* renverrait exclusivement à la vie humaine dans la cité, seule susceptible de jugement de valeur, d'être qualifiée de bonne ou mauvaise, car orientée vers une finalité (un *telos*) d'ordre éthique et politique. La *zôè* ou « vie nue » se définirait comme un pur processus vital se perpétuant dans un éternel renouvellement, sans début ni fin, dans la cyclicité fixiste de l'espèce, dont les individus ne seraient que les supports périssables n'ayant pas à proprement parler d'existence individuée ; en tant que tels, les vivants (*zoiâ*) seraient seulement des membres de l'espèce qui se préserve à travers eux, non des êtres uniques et irremplaçables. N'auraient en revanche de *bios*, de *mode*

■ 3. Dans le vers d'Empédocle, βίου θαλέθοντος ἐν ἀκμῆ (fr. 20, 3), l'expression renvoie à l'unification des éléments dans un corps un.
■ 4. H. Arendt, *Condition de l'homme moderne*, trad. fr. G. Fradier, Paris, Calmann-Lévy, 1961.
■ 5. *Homo sacer* vol. 1, *Le pouvoir souverain et la vie nue*, trad. fr. M. Raiola, Paris, Seuil, 1997.

de vie, que les êtres (humains) susceptibles d'avoir une histoire individuelle, une biographie singulière s'écrivant dans la linéarité temporelle d'« une » vie vécue et active – c'est-à-dire productrice non seulement de travail, de *labor*, mais de création, d'œuvre personnelle.

Cette distinction d'Arendt[6] apparaît cependant devoir être élargie, sinon renversée : le *bios* ne saurait en effet être réduit à « l'intervalle *spécifiquement humain* entre la naissance et la mort »[7], consistant à s'approprier et dépasser la *zôè* biologique par une « vie active » insérée dans la cité. Les zoogonies émergentistes et évolutionnistes des philosophes grecs des VIe et Ve siècle avant J. C. témoignent d'une tout autre conception : le *bios* (comme existence distincte, inscrite dans une temporalité propre et un mode d'existence propre) est d'abord la condition nécessaire des processus de constitution et de transformation de toute *zôè*, de toute vie quelle qu'elle soit, par (1) l'individuation, la différenciation, (2) des processus qui suivent une progression linéaire que l'on pourrait dire « historique ». Il y a une *histoire* naturelle, non seulement au sens gnoséologique d'une enquête (*historia*) sur la nature, objet de la philosophie, mais d'une temporalité irréversible, constituée d'événements uniques (et non un renouvellement cyclique fixe de la *zôè* comme soutenu par Arendt). La stabilité des espèces vivantes n'est qu'une apparence, qu'il faut dépasser en remontant aux origines[8]. C'est enfin (3) le tissu de relations qui se noue entre les vivants en formation, c'est-à-dire en transformation, et leur lieu d'inscription (leur *topos*) qui les constitue comme tels – d'où le présent usage du terme *biotope*[9].

Il s'agira donc d'établir que les premières formes de vie se sont constituées dans et par un biotope, c'est-à-dire selon un certain *bios* qui va conditionner leur structure, leurs propriétés et leurs facultés, en faire tel ou tel vivant (*zôion*) particulier, avec une primauté de l'individuation sur l'espèce : la reproduction sexuée, par laquelle se perpétuent des ensembles de caractères spécifiques transmissibles aux individus, n'est pas originelle, mais apparaît à un moment donné de l'histoire du monde et résulte d'une évolution. L'examen des zoogonies met en évidence les trois dimensions du *bios* : la différenciation individuelle, l'inscription dans une temporalité irréversible, et dans un environnement particulier. De sorte que, même si l'ordre cosmique obéit à des lois nécessaires, cela n'exclut pas la contingence ; si le *bios* avait été autre à tel moment ou à tel endroit, le *zôion* qui résulte aurait été autre.

Chaque forme vivante, chaque *type* (*tupos*) végétal ou animal, non seulement porte l'empreinte, mais *est* littéralement l'empreinte (*tupos*) du

---

■ 6. D'autres ont déjà montré qu'elle reposait sur une lecture réductrice des traités d'Aristote, limités aux seuls écrits éthiques et politiques, au sein desquels le relevé même des occurrences apparaît sélectif : Aristote emploie en effet indifféremment les deux termes, *zôè* et *bios*, dans les deux acceptions, et ne témoigne donc pas de l'univocité invoquée par Arendt. *Cf.* L. Dubreuil, « De la vie dans la vie : sur une étrange opposition entre *zôè* et *bios* », *Labyrinthe* 22, 2005.

■ 7. Je souligne.

■ 8. Voir Xénophane A33 *supra*, note 3, p. 13.

■ 9. L'une de mes hypothèses actuelles, qui ne peut être approfondie ici, est que les zoogonies présocratiques obéissent à des modèles végétaux. Trois *écosystèmes zoogoniques* ou *biotopes* se dégagent, ayant chacun leur mode de croissance propre, qui à eux tous explorent l'éventail des possibilités botaniques ou *phytogoniques* : a) à partir de semences (σπέρματα) venues des airs qui se plantent en terre (Anaxagore), b) en sortant de terre dans les « prairies fendues » d'Aphrodite (Empédocle), c) par la putréfaction des eaux boueuses et marécageuses (Anaximandre, Xénophane, Démocrite, Archélaos). C'est sur ce dernier modèle que nous nous penchons ici.

biotope dans lequel il s'est formé. Mais réciproquement, c'est ensuite en fonction de sa constitution de *zôion* que chaque vivant [10] va trouver le biotope qui lui est adapté, son *bios* au sens de mode de vie et de ressources. À tout changement de *bios* correspondra donc une évolution du *zôion*, de l'être vivant, et vice versa.

Le biotope comme enveloppe : écorces épineuses et poissons-ventres d'Anaximandre

Pour les premiers philosophes, les vivants sont dès l'origine interconnectés entre eux et avec leur environnement. Le grec use volontiers du terme *periekhon, enveloppe,* pour dire le *tout autour,* c'est-à-dire ce qui recouvre complètement, ce qui entoure de tous côtés, englobe et dépasse – de là son usage cosmologique pour désigner ce qui enclôt le monde voire l'univers [11]. Le *periekhon* est donc aussi ce dans quoi le monde éclot, l'enveloppe de la nature entendue au sens de tout ce qui croît, et en ce sens n'est pas seulement un donné extérieur, une limite, mais la condition de processus dynamiques. Car un vivant se définit avant tout comme un être capable de *croître (phuein)* : *physis,* traduit par *nature,* signifie d'abord *croissance.* Ce que l'on a substantifié et hypostasié sous le terme de nature-*physis* (au sens d'une entité totalisante ou de l'ensemble des attributs définissant un être particulier) dénote en réalité à l'origine un ensemble de processus dont la science naissante va s'efforcer de découvrir les ressorts cachés. Il s'agit de chercher comment les *conditions* effectives dans lesquelles les vivants se sont formés et se développent *s'inscrivent* littéralement en eux (dans leur configuration, leurs pouvoirs, leurs faiblesses), les imprègnent, et font d'eux ce qu'ils sont.

Un témoignage fait état d'une étrange zoogonie, celle d'Anaximandre, montrant la croissance des premiers vivants au sein d'enveloppes :

Anaximandre : les premiers animaux sont nés dans l'humidité, enveloppés [περιεχόμενα] d'écorces hérissées d'épines, mais, avançant en âge, ils sont passés en un lieu plus sec ; à la suite de la rupture de l'écorce [περιρρηγνυμένου τοῦ φλοιοῦ], ils ont changé de mode de vie [μεταβιῶναι] en peu de temps. [12A30DK, 6D38 LM]

Bien qu'il ne mette apparemment pas en évidence l'existence de relations spécifiques entre tel biotope particulier et les formes de vie qui en émergent, le texte d'Anaximandre est en un sens paradigmatique, ou du moins initiateur, d'un schème que l'on va retrouver : celui de l'enveloppe (*periekhon*) ou, comme le diront les atomistes, de la membrane (*humèn*) au sein de laquelle l'être vivant en formation se développe. À l'instar de l'embryon ceint dans un œuf ou le ventre maternel, les premiers animaux sont enclos dans une enveloppe, qui est leur lieu propre (de gestation), qui est elle-même à son tour enveloppée par son environnement. Le biotope n'est pas seulement un espace délimité, c'est une imbrication d'espaces, ou plutôt d'enveloppes,

10. Βίος ne saurait donc se réduire à l'humain.
11. Le περιέχον peut même être infini : voir Anaximandre 22A11, Anaximène fr. 2, Anaxagore fr. 2 et 14, Leucippe 67A10.

LES VIVANTS, EMPREINTES DE LEUR BIOTOPE (ANAXIMANDRE, DÉMOCRITE)

■ 15

dont les relations mutuelles s'inscrivent dans une temporalité. Ce qui va se développer au sein de la membrane – ici, de l'écorce épineuse [12] – va porter l'empreinte de ses conditions de formation, les traces successives du biotope dans et par lequel il s'est constitué.

Comme une coquille d'œuf ou un amnios, la membrane joue un double rôle. D'une part, elle sépare, protège et enclôt ; en marquant la limite entre l'être vivant et son environnement (ce que montre clairement la mention des « écorces enveloppes », et que suggère peut-être la précision « hérissée d'épines »), elle joue un rôle d'incubateur. Mais elle permet simultanément une porosité avec l'extérieur, des échanges (d'air, d'eau, de chaleur), ainsi qu'en témoignera plus précisément Démocrite [13]. Car l'apparition du vivant s'explique d'abord par des processus physiques (l'échauffement et l'assèchement progressifs de l'humidité primitive), qui engendrent des transformations que nous dirions chimiques, tels les phénomènes de fermentation ou de caillage apparaissant chez Démocrite ou Archélaos. Remarquons que même la fin du processus de gestation, la déchirure (*perirrègnumenou*) de l'écorce, est décrite en termes d'enveloppement et de circulation entre enveloppes : *perirrègnumi, (se) briser tout autour*, se dit à la fois d'une action de l'intérieur vers l'extérieur (telle la foudre qui éclate et déchire le nuage) et de l'extérieur vers l'intérieur (ainsi la barque percutée par un rocher). La rupture de la membrane survient sous l'effet de l'enveloppe extérieure (la brûlure du soleil), mais, peut-on aussi penser, de sa conjonction avec une poussée depuis l'intérieur – quand l'embryon « cuit » ne peut plus davantage croître et doit s'extraire.

Cette forme une fois acquise va provoquer un changement de mode de vie, *metabiontai*, hapax présocratique. Si on voulait introduire ici de la téléologie, on pourrait arguer que l'animal ne reçoit de *bios* approprié que lorsqu'il a atteint une forme spécifique achevée, qu'un *bios* ne peut lui être attribué qu'une fois qu'il a « actualisé » sa nature. Or ce serait omettre, d'une part, qu'il a déjà eu un *bios* sous sa forme antérieure, ce qu'implique *metabioun*, mais aussi cet autre trait curieux de la zoogonie d'Anaximandre :

> Anaximandre de Milet pensait que quand l'eau et la terre se furent échauffées, il en sortit soit des poissons soit des animaux très semblables à des poissons ; des êtres humains se développèrent en eux et demeurèrent à l'intérieur à l'état d'embryons jusqu'à la puberté ; c'est alors que ceux-ci [*sc.* ces animaux] s'étant rompus, des hommes et des femmes déjà capables de se nourrir en sortirent. [12A30, 6D39 LM]

> En effet, celui-ci ne pense pas que les poissons et les hommes [se sont développés] dans les mêmes milieux, mais il affirme qu'au début les hommes se sont formés et nourris dans des poissons, comme des squales, et que, étant

---

■ 12. Nous ne reviendrons pas ici sur les connotations végétales du passage, non nécessaires au développement du présent propos. Mais notons que c'est aussi à une écorce (φλοιόν) qu'est comparé le déploiement circulaire (περιφυῆναι) de l'enveloppe de feu entourant l'atmosphère terrestre (12A10).

■ 13. On retrouve ce schème dans l'embryologie (68A151). Voir A.-L. Therme, « Arborescences, pousses et bourgeons humains », S. Carvallo et A. Macé (éd.), *Formes de vie partagées entre l'homme et la plante*, Besançon, Presses Universitaires de Franche-Comté, à paraître.

devenus capables de se défendre eux-mêmes, ils sont alors sortis et ont gagné la terre. [12A30, 6D40 LM]

À l'intérieur même d'une espèce, une autre se développe : ce n'est pas que nous aurions été des poissons ayant ensuite évolué en hommes ; nous aurions grandi au sein de poissons. Il y a de nouveau imbrication d'enveloppes à la fois protectrices et nourrissantes, isolantes et circulantes. Les poissons-gangues sont dans l'eau, capables de s'en nourrir, et les embryons humains, inadaptés au milieu aquatique, se sustentent au sec dans les poissons, raison pour laquelle ils pourront devenir des animaux terrestres. Cette imbrication de types distincts de *zôia* les uns dans les autres implique que cohabitent en un même lieu différents types de *bios*, chacun se nourrissant dans et de l'enveloppe qui le contient : les poissons de l'eau, les hommes des poissons (suggérant ainsi l'origine de leur régime carnivore, ainsi qu'y invite l'allusion aux squales). Bien que partageant un même emplacement, chacun a son biotope propre.

Nul besoin de téléologie pour rendre compte de leur transformation : c'est une fois capables de survivre à l'extérieur des poissons dans lesquels ils incubaient que les hommes en sortent et deviennent terrestres, c'est-à-dire *de fait*, et non parce qu'ils y auraient été destinés. L'allusion à la puberté suggère que le processus relève d'une nécessité physiologique, liée à un enchaînement causal irréversible, dont le résultat toujours provisoire n'est conçu ni comme achèvement ni comme fin visée. Dès que le vivant semble accéder au terme de son développement, lors duquel il n'a pas seulement crû mais acquis des pouvoirs (comme ici la capacité de se protéger de façon autonome), il entame une nouvelle phase, un autre *bios* (la vie terrestre) qui à son tour va modifier sa puissance d'agir.

De semblables motifs se retrouvent dans la zoogonie démocritéenne, les atomistes ayant même usé de termes spécifiques pour désigner la membrane dans laquelle un corps prend forme et consistance. Les modalités du processus métamorphique des vivants y sont bien davantage précisées.

L'empreinte du biotope : la zoogonie du limon de Démocrite
Phases zoogoniques

Diodore de Sicile, un historien du Ier siècle av. J.-C., décrit une cosmogonie, une zoogonie et une anthropologie remontant, même s'il ne le mentionne pas, à Démocrite (68B5 [14]), dont Hermippe et Tzétzès (B5.2-3) offrent deux parallèles. Retraçons-en les premières séquences.

Quelque part dans le vide infini, un tourbillon cosmogonique s'est formé, qui charrie et projette des flux d'atomes de toutes formes, dont les entrelacs tissent l'enveloppe ou membrane au sein de laquelle un monde peut se développer. Sous l'effet du vortex, les atomes tendent à s'agréger à leurs semblables ; sa

---

14. Si la légitimité de cette attribution, acceptée par Diels et LM, a pu être remise en cause, les arguments de T. Cole, *Democritus and the sources of Greek Anthropology*, Cleveland, Western Reserve University Press, 1967, et les traits lexicaux et doctrinaux significatifs que nous allons examiner convainquent de sa source authentiquement démocritéenne.

force centripète agglomère au centre une boule dense, terreuse et aqueuse. La compression tourbillonnaire dissocie progressivement les atomes aqueux et terreux par un criblage mécanique forçant l'eau à rejoindre l'eau (d'où l'apparition de la mer) [15]. Mais la terre n'a pas encore subi l'assèchement et l'évaporation qui permettront ultérieurement l'émergence de sols solides : c'est un marécage, à la surface boueuse « partout également molle » (*pantelôs hapalè*). Progressivement, celle-ci se solidifie et caille (*pèxin*) sous les rayons du feu solaire, dont la chaleur fait fermenter (*anazumoumenès*), sous la croûte ainsi formée, la fange plus liquide. À l'instar de « ce que l'on voit encore maintenant se produire dans les marais et les endroits marécageux, quand le sol s'est refroidi et que l'air devient soudainement chaud sans avoir subi de changement graduel », des bulles enflent ensemble, simultanément, en « plusieurs lieux » (*pollous topous*), « moisissures (*sèpedonas*) enveloppées (*periekhomenas*) de fines membranes (*humèsi* [16]) ». Elles croissent peu à peu grâce à l'alternance de deux types complémentaires de « nutrition » (*trophè*) : tantôt la chaleur diurne accroît la solidification et la macération des bulles-membranes, tantôt la fraîcheur de la brume nocturne les humidifie. On remarque ici une imbrication d'enveloppes en relation mutuelle, chacune participant à la définition du biotope de l'être vivant en gestation. Son enveloppe propre est la membrane dans laquelle il est enclos, son *humèn*. Ce *periekhon*-incubateur est à son tour inclus dans deux autres enveloppes, qui constituent les limites inférieures et supérieures de son lieu, son *topos* : la boue dans laquelle il est partiellement immergé, et le ciel, *periekhon* du monde, avec lequel sa surface communique. Par ces deux interfaces entre intérieur et extérieur se produisent les échanges nutritifs, une double *trophè*, celle par le bas (la macération nourrissante [17]) étant permise par celle qui procède d'en haut et qui obéit à l'alternance entre chaleur diurne et humidité nocturne (lesquelles participent toutes deux au processus de fermentation).

À force de cuire sous les rayons ardents du soleil qui les solidifient toujours davantage, les membranes-cocons finissent par se rompre de tous côtés (*perirragentôn* de nouveau [18]). Tels des papillons s'extirpant de leur chrysalide, « tous types d'animaux » (*pantodapous tupous zôiôn*) en émergent en *poussant* littéralement (*anaphuènai*), comme on le dit des plantes ou des bois du cerf (68A153 [19]). Leurs différences de constitution, selon qu'ils ont reçu plus de chaleur, de terre ou d'humidité, les font se séparer en différents lieux et modes de vie adaptés, selon la loi de l'attraction des semblables :

---

15. Sur ce criblage, 68B164.

16. Les autres versions du récit parlent de « membranes semblables à des bulles » (ὑμένες ἐοικότες πομφόλυξιν, Hermippe) et de « membranes putrides et pustuleuses » (σηπεδονώδεις καὶ πομφολυγώδεις ὑμένας, Tzétzès), terminologie qui semble dériver d'une source commune.

17. Pour Archélaos aussi c'est la boue nourrissante d'un marécage qui, comme du lait (60A1), fait croître les premiers vivants (60A4).

18. Comme Anaximandre A30 *supra*. Empédocle use de ce même terme dans l'expression περίρρηγμῖνι βίοιο, « les brisants de la vie » (fr. 20, 5, par opposition à « la vie florissante » au v. 3, *supra*), à propos de la dissociation des éléments.

19. Ce texte sur la croissance des bois présente de grandes similitudes lexicales et conceptuelles avec la zoogonie du fr. 5 : solidification-πῆξις /mollesse-ἀπαλόν, double τροφή, os crânien ὑμενῶδες...

De ceux-là, ceux qui avaient reçu la plus grande part de chaleur s'élevèrent vers les régions les plus hautes et devinrent ailés, tandis que ceux dont l'agrégat comportait de la terre furent comptés dans la classe des reptiles et autres animaux terrestres, et que ceux qui participaient avant tout de la nature humide allèrent dans la région qui leur était apparentée et reçurent le nom de poissons. [68B5]

La génération (*zôogonein*) autochtone des « grands animaux » cessera lorsque la terre sera trop épuisée et trop desséchée, inaugurant le temps de l'engendrement par accouplement [20]. Ainsi, jusqu'à la rupture des membranes ou des incubateurs, tel *bios* fait tel *zôion*, mais c'est ensuite l'inverse : une fois chaque type de *zôion* constitué, chacun va chercher un *bios* (vie aérienne, terrestre, aquatique) adapté à ce qu'il est de fait devenu (igné, terreux, aqueux [21]). Mais les conditions de son *bios* étant à leur tour conditionnées par les enveloppes dans lesquelles il s'inscrit, l'altération des unes modifie les autres : le changement climatique et l'infertilité progressive de la terre vont entraîner la nécessité d'un nouveau comportement reproductif (*bios*), impliquant à son tour un changement des formes animales (comme leur rapetissement et l'apparition d'organes génitaux).

Membranes et empreintes

Rappelons que pour Démocrite tout n'est formé que d'atomes en mouvement et de vide. Les atomes (que Démocrite appelait d'ailleurs *idea* [22]) sont des « formes » géométriques (*rhusmoi* ou *rhuthmoi*) anguleuses, sphériques (le feu), crochues [23]…, caractérisées par leur propriété vibratile, leur *palpitation* ou *pulsation* (*palmos* [24]). Lorsque des atomes crochus s'entrelacent, ils constituent des membranes, qui enclosent des atomes conjugués à du vide, formant ainsi des corps [25]. Démocrite dit ainsi de l'orage de foudre qu'il advient quand des agrégats, faits de vide et d'atomes de feu « densément ajointés » (*puknarmonôn*), « acquièrent la consistance d'un corps (*sômatopoioumena*) grâce à une enveloppe de membranes spécifiques (*periokhais humènôn idiôn*) » (A93). *Humèn, khitôn* (littéralement « tunique ») et peut-être *periokhè* [26] apparaissent être des termes techniques atomistes pour désigner le tissu protecteur qui forme le contour d'un corps, qui en l'enveloppant le délimite

■ 20. Le récit se poursuit par l'évolution du *bios* humain, de sa préhistoire à l'apparition de la culture.
■ 21. Pour Empédocle aussi les animaux une fois constitués changent de *bios*, mais en revanche en cherchant un milieu contraire à leur propre constitution (31A72 *ad fin*.et A73).
■ 22. 68B141, A57.
■ 23. 67A11, A14, A15, 68A135.
■ 24. 68A47.
■ 25. « C'est par entrelacement (συμπλοκή) et entrecroisement (ἐπάλλαξις) [des atomes] que tout est engendré » (67A15). Non pris dans une membrane, « ils se meuvent à travers le vide qui cède et ne résiste pas, ils *s'éparpillent tout autour* (περιπαλάσσεσθαι) » (68A58).
■ 26. Le terme apparaît chez Épicure et Diogène d'Œnanda.

(des autres corps et de l'espace extérieur) et le constitue comme entité ayant une unité[27]. Le *kosmos* même est dans une membrane[28].

La membrane dessine un corps plastique et perméable : dès qu'une bulle enfle dans la boue, qu'un *humèn* s'est formé, l'espace clos mais poreux ainsi créé est susceptible de recevoir des flots d'atomes de tous côtés – par le haut, plus solide, et par le bas immergé dans la boue. Les atomes qui pénètrent la membrane et s'y insèrent modifient la disposition interne antérieure de ce qu'elle contient[29]. En venant *frapper* la boue malléable de leur forme, comme des sceaux dans la cire, ils laissent leur empreinte (*tupos*) dans ce qui était initialement un milieu partout également homogène (*pantelôs hapalè*).

Selon le lieu (*pollous topous*), la quantité d'eau, le degré de chaleur, d'évaporation, etc., une différenciation va se produire, relative au biotope de chaque bulle et à la « nourriture » (*trophè*) qui la fait croître : dans chaque *topos* un *tupos* particulier va se former, qui garde la trace de ses processus constituants. On passe ainsi de l'homogénéité primordiale à l'hétérogénéité des espèces, ou plus précisément des individus, chaque membrane étant singulière : comme des strates géologiques sédimentaires ou les couches pigmentées d'un tableau, les combinaisons des *rhusmoi*, des formes atomiques qui s'y sont imprimées (son *ameipsirusmein*[30]), traceront son « empreinte génétique » et définiront son *type* spécifique (le fait d'être tel ou tel *zôion*). Cette constitution relève d'une certaine contingence : un peu plus ici ou là, plus ou moins proche d'une autre, plus ou moins chauffée… toutes ces infimes différences vont produire une immense variété de résultats.

L'imprégnation constitutive des types de *zôia* se produit selon deux modalités d'impression : la maturation par macération (*pepsis*) et la frappe (*tupos*).

L'empreinte-*pepsis*

La chaleur joue un rôle prépondérant dans le processus d'apparition des vivants en vertu de ses effets « physico-chimiques », mais qui sont aussi constitutifs de « psychisme », de ce qui fait la vie même : « l'âme », entendue comme principe vital, moteur, sensible et cognitif, est pour les atomistes un agglomérat d'atomes sphériques de feu. La chaleur qui s'implante dans la membrane la rend vivante.

Il faut distinguer ici deux processus concomitants qui sont l'un et l'autre des effets du feu solaire : le durcissement de la surface boueuse, qui forme comme une croûte (*pèxis*), et le réchauffement de la boue liquide enfermée sous la surface, qui va fermenter, comme par méthanisation[31]. On sait par

■ 27. On trouve un usage similaire chez Empédocle, qui évoque les « membranes et linges délicats » dans lesquels *Philotès* a enserré la flamme de l'œil (fr. 84) et la « robe de chair » (σαρκῶν χιτῶνι) dont sont enveloppés les vivants (fr. 126).

■ 28. « Leucippe et Démocrite entourent circulairement le monde d'un manteau et d'une membrane (χιτῶνα κύκλῳ καὶ ὑμένα τῷ κόσμῳ) résultant d'un entrelacement des atomes en forme de crochet » (67A23). Cf. 67A1.

■ 29. Les corps composés diffèrent selon les formes (ῥυσμός) atomiques qui les constituent, leur ordre ou disposition (διαθηγή) et leur tournure ou orientation (τροπή) (67A6).

■ 30. Littéralement, le fait de *prendre des arrangements* (ῥυσμεῖν) *successifs* (ἄμειψις), terme démocritéen pour dire « modifier l'agrégat ou changer de forme (μεταμορφοῦσθαι) » (68B139, D38 LM).

■ 31. La cité de Démocrite, Abdère, située sur le delta du Nestos, dans une zone basse marécageuse à l'embouchure de la mer Égée, était tristement célèbre dans l'Antiquité pour l'odeur fétide et l'air putride de ses marais, qui causèrent le paludisme et la malaria (le « mauvais air ») dans la région jusqu'au XXe siècle. Démocrite

Sénèque (27D127 LM) pourquoi la solidification favorise le réchauffement : les conduits parcourant les corps compacts et solides sont plus étroits et resserrés que ceux des corps mous et contiennent un air raréfié, où il y a plus de vide que d'atomes. Quand la boue molle (*hapalè*) se solidifie, ses pores se resserrent, ce qui favorise le réchauffement (la chaleur pouvant davantage se propager dans un air rare que dans un air dense) et la conservation de la chaleur, l'étroitesse des pores empêchant les particules de feu de sortir et ainsi le corps de refroidir.

La fermentation permise par ce dispositif[32] est décrite par *anazumein*, qui se dit du bouillonnement mais surtout de la pâte qui lève. Le processus à l'œuvre dans la fabrication du pain, du fromage et du vin, semble avoir servi de modèle à ce qui pouvait par ailleurs apparaître comme une génération spontanée[33].

C'est par la macération nourrissante (la *trophè* par le bas, de l'intérieur, dans les parties qui restent molles) que sont produites les différences qui vont caractériser chaque espèce et lui donner sa forme. La version d'Hermippe la qualifie par *pepsis* : avant de désigner la digestion, ce terme renvoie tant à la cuisson au four qu'à la maturation des fruits ou à la fermentation du vin[34].

Celles d'entre elles qui avaient reçu une cuisson [πέψιν] suffisante engendrèrent les animaux mâles, les plus chauds, tandis que les autres qui, au contraire, avaient souffert d'un manque de chaleur, évoluèrent vers le sexe féminin. [68B5.2.7]

Le processus d'incubation, explicitement désigné comme tel (chaque membrane chauffée à vif étant enceinte, « porteuse de fœtus », *kuophoroumenôn*), s'apparente à la cuisson dans un four, qui en fige la forme[35] – four de potier (puisqu'il s'agit de terre glaiseuse et d'eau) ou fournil de boulanger (la pâte molle ayant levé, *anazumoumenès*).

C'est donc un processus lié à des variations quantitatives qui produit des distinctions « qualitatives », telles que les différences des saveurs et des odeurs. Ces propriétés sensibles sont pour Démocrite de « pures conventions », non des qualités essentielles[36] : ce que nous percevons comme des différences est en réalité dû à l'orientation et à la disposition des formes atomiques qui composent

---

connaissait ces odeurs de putréfaction, qu'il évoque au fr. 1a, et sont des émanations de sulfure d'hydrogène et de méthane. Le texte de Diodore témoigne aussi d'observations directes des marais.

■ 32. Sur les liens entre πῆξις, solidification par coagulation ou caillage, et τροφή, nutrition, voir l'éclairant article de P. Demont, « Remarques sur le sens de τρέφω », *Revue des Études Grecques* 91, fasc. 434-435, 1978, p. 358-384.

■ 33. Sextus dit qu'on constate de telles générations spontanées (de vers, d'insectes) à partir du feu, des eaux putrides, des marais, de la fange, du vin aigri, de fruits ou de cadavres putréfiés (*Esquisses Pyrrhoniennes*, Ⓘ, 14, 41). Quand Lactance pense que Démocrite fait sortir les humains de terre « comme des vermisseaux », peut-être est-ce dû à une confusion entre ἀναζυμῶ et ἀναζέω, qui outre *jaillir en bouillonnant* peut signifier *pulluler* (pour des vers).

■ 34. *Cf.* Empédocle fr. 81 « L'eau de la sève, pourrie (σαπέν) dans le bois, tourne en vin » et 31A77 (τὰς πέψεις τῆς τροφῆς σήψει) ; Menestor, 4 (un sol pauvre « hâte la maturation (πέψις) des mûres ») et 7 : « selon que le mélange et la putréfaction (σήψις) du végétal aquatique sont tels ou tels, la qualité du suc sera telle ou telle » (amer, huileux, piquant, doux…).

■ 35. Hermippe a cependant tort d'expliquer la différence de genre par le chaud et le froid : voir Aristote, *Génération des Animaux*, IV, 1,764a6 (68A143).

■ 36. 68B9, B117.

les corps. Toute réorganisation du tissu atomique, tout *ameipsirusmein*, provoquera donc un changement des propriétés émergentes du composé.

L'analyse détaillée de Théophraste sur la manière dont les saveurs dérivent des formes atomiques explique pourquoi « tel aliment a une propriété astringente, sèche, tel autre adoucit, apaise et calme, et tel autre décompose, dissout » : ainsi, « la saveur âcre est constituée de formes grandes, comportant beaucoup d'angles et possédant peu d'arrondis » (une des caractéristiques du feu sous forme de flamme), « la saveur piquante est, par sa figure, à la fois anguleuse, sinueuse, petite et subtile. Car à cause de son mordant, elle pénètre rapidement et partout, tandis que, étant rugueuse et anguleuse, elle contracte et compresse » (68 A135), etc. Du fait que ces figures atomiques, attirées vers leur semblable, s'entrecroisent en tous sens, elles donnent lieu à des arrangements (donc des corps) extrêmement différents selon le lieu : c'est ce dont témoigne l'explication démocritéenne de la salinité de la mer et de substances rares et extraordinaires telles que l'alun, le soufre ou le bitume (68A99a[37]).

Ainsi, tout comme les boissons fermentées prennent le goût des fruits ou des céréales qui y macèrent, c'est-à-dire gardent l'empreinte de ce processus de « cuisson » dans leurs saveurs, le corps conserve l'empreinte de ce qui l'a « nourri » et a « solidifié » sa configuration interne, encore malléable et sujette à changement jusqu'à la fin de sa « cuisson », dont les variations de degré engendrent ce que nous percevons comme des différences qualitatives[38].

On trouve déjà une conception similaire chez Empédocle, les caractères propres à chaque espèce végétale étant liés « au sol qui les nourrit », non pas de façon passive, mais au travers d'interactions entre le vivant et son milieu : les « différences entre les sucs résultent des variations des nombreuses parties <de la terre> et des plantes, qui *extraient* de ce qui les nourrit différentes parties… » (31A70).

C'est donc bien ici le *bios*, c'est-à-dire le mode dynamique par lequel une existence se constitue, s'inscrivant dans un environnement propre (un *topos*), qui est à l'origine de la forme que prend tel ou tel vivant (*zoîon*) et des caractères qui le définissent en tant que tel.

L'empreinte-*tupos*

Chaque bulle-membrane est bombardée de tous côtés de flots d'atomes dont elle intercepte et incorpore une part, ce qui provoque des réarrangements successifs (*ameipsirusmein*) de sa structure. Or le terme pour désigner les *entrechocs* atomiques est *allèlotupia* (hapax présocratique, 68A74), littéralement *frappe* ou *impression mutuelle*[39]. Le grec *tupos* partage la polysémie du français *type*, mais le sens figuré de *forme*, *espèce*, voire *archétype*, *modèle*, est plutôt tardif. Le terme dérive de *tuptô*, signifiant d'abord *frapper*. À

---

37. Texte qui invoque également la putréfaction initiale du marais terrestre, *sèpedôn* (mutilé mais quasi-certain).

38. « Démocrite […] dit que le gonflement des eaux du Nil vient de la mer située plus au sud, dont l'eau s'adoucit à cause de la distance et de la longueur du parcours, et du fait qu'elle subit une cuisson (ἀφεψόμενον) sous l'effet de la chaleur. Et c'est pour cela, dit-il, "qu'elle a un goût contraire" » [68A99a, 27D121 LM].

39. Les atomes étant impassibles et impénétrables, on ne peut parler d'*impression mutuelle* qu'à propos des agrégats.

l'époque archaïque (et le sens a perduré), un *tupos* est avant tout le résultat d'une frappe sur une matière qui en retient la forme : on peut le traduire par *empreinte, impression, moulage* ou *frappe* – d'un sabot de cheval, d'une figure sur une monnaie, d'un sceau dans la cire, de lettres dans l'argile –, toute figure en relief, qu'elle soit forgée dans le métal, sculptée dans la pierre, gravée dans le bois ou modelée dans la glaise. Le français conserve ce sens dans le champ sémantique de l'imprimerie (les types pour les polices de caractères ; la typographie, art de tracer des empreintes…). Notons que *tupos* peut désigner l'empreinte (le résultat de l'impression) ou encore le moule ou la matrice qui la produit. Or il apparaît que ce terme, qui renvoie à un processus physique et artisanal très concret (d'autant plus familier de Démocrite que les pièces de monnaie d'Abdère étaient fameuses pour leur finesse, leur qualité et leur large diffusion), a très peu d'occurrences dans le corpus philosophique présocratique. Les seuls auteurs à l'utiliser sont Empédocle (fr. 62), Xénophane (A33 *supra*), Démocrite et Protagoras (dans le récit du mythe de Prométhée que Platon lui attribue, *Protagoras* 320c), toujours dans des contextes zoogoniques où l'émergence des vivants se fait à partir de la terre, et plus précisément d'un mélange de terre et d'eau pour les trois derniers. Il ne peut s'agir d'une pure coïncidence.

La notion s'avère centrale dans la doctrine démocritéenne : le processus d'impression, *tupousthai*, joue en effet un rôle essentiel dans l'explication de la perception visuelle, avec pas moins de douze occurrences du terme et de ses composés dans l'exposé qu'en fait Théophraste (*Du sens*, 50-52, 68A135).

Si les objets sont visibles, c'est parce que des effluves atomiques en émanent sans cesse, qui laissent leur empreinte (*apotupôsis, Du sens*, 51) dans l'air en le frappant et le comprimant, empreintes qui à leur tour se reflèteront ou feront impression (*emphasis*) sur l'œil humide. L'air, l'œil, la boue sont des cires molles, dont les rangs d'atomes ne sont ni trop denses ni trop rares. Il est frappant de constater à quel point les termes sont substituables entre ce processus et celui, zoogonique, de la formation des *tupoi* animaux : comme l'air, la boue « reçoit une empreinte (*tupousthai*), puisqu'elle est comprimée par l'action de » la chaleur au-dessus et de la boue en dessous ; « et l'humide offre le passage […] à condition que la membrane (*khitôn*) extérieure soit aussi fine et aussi dense que possible, et l'intérieur le plus mou possible ». « L'empreinte (*apotupôsis*), l'impression (*entupôsin*) se présente exactement comme si l'on modelait de la cire », la boue « est modelée comme de la cire pressée et condensée ». Mais si les images imprimées dans l'air reproduisent les objets-sceaux, il n'y a ni matrice typographique ni archétypes[40] dont les empreintes dans la boue seraient les copies. Leur merveilleuse diversité ne provient que des entrechocs (*allèlotupia*) des myriades d'atomes qui pénètrent les enveloppes successives des vivants et s'y insèrent, y dessinant sans cesse de nouveaux arrangements.

Nul besoin, donc, de providence ni de démiurge bienveillant : le jeu seul des interactions atomiques et des structures qu'elles constituent suffit. C'est la façon dont les êtres se sont trouvés *modelés* qui en fait des *modèles* au

---

40. Ce qu'ils deviendront chez Platon, qui use de τύπος en ce sens.

sens de types spécifiques. On peut ainsi distinguer la phase de modelage ou d'impression (*tupousthai*) de chaque organisme, de l'empreinte achevée (*tupos* au sens concret) ayant pris une forme stable et devenant un *type* (*tupos* au sens abstrait) – comme lors du tirage de photographies argentiques, où l'empreinte est progressivement révélée puis fixée. Le *tupos* en formation est une structure organique métamorphe, délimitée par une membrane plastique au sein de laquelle les atomes se réarrangent en fonction de ceux qui les traversent ou les augmentent, de sorte que son évolution est inscrite en lui, comme un paysage dont la géologie traduit l'histoire. Les *tupoi* achevés, qui se déclinent en une grande variété de modèles, sont le résultat stabilisé des *tupoi* en formation, mais ne constituent pas pour autant des formes définitives, seulement des structures stables. Tout corps composé étant « succession d'arrangements » (*ameipsirusmein*), tout ce qui est enclos dans une membrane est voué à se transformer, à commencer par le monde (*ameipsikosmiè*, 68B138), et à se dissoudre [41] ; chaque membrane, même la plus petite, enveloppe un tel monde.

Il n'y a donc pas primitivement des espèces dont les individus seraient des exemplaires, mais d'abord des individus qui ne feront espèce que lorsque leur biotope initial se sera tari.

Il apparaît que c'est bien par un mode d'existence individué inscrit dans une temporalité historique (un *bios*), que chaque *type* de vivant prend forme. Par l'usage du terme *biotope*, on s'est efforcé de restituer cette dimension de devenir, inscrite dans une durée autant que dans les interactions avec un espace que l'être vivant constitue et qui le constitue, dans une plasticité mutuelle. Car si les vivants sont d'abord des *tupoi*-empreintes, ils deviennent, une fois stabilisés et capables d'agir selon un nouveau *bios*, des *tupoi*-moules qui impriment leur marque dans ce qui les enveloppe.

L'enveloppe/biotope est donc bien davantage qu'un « milieu » extérieur ; ce n'est pas un environnement au sens d'un *alentour* avec lequel on ne se confond pas, mais ce en quoi consiste la vie même d'un vivant. Façonnant sans cesse ce en quoi il s'imprime, le biotope ne peut être ni figé, ni considéré comme un milieu passif, ni comme un agent déterministe dont les effets précis seraient parfaitement prédictibles et déductibles : les mêmes principes nécessaires sont certes toujours à l'œuvre dans l'univers, et ce à toutes les échelles, mais produisent une incommensurable variété d'effets selon l'ici et le maintenant.

Anne-Laure Therme
Maître de conférences à l'Université Paris-Est Créteil

■ 41. « Les atomes se tiennent les uns aux autres un certain temps jusqu'à ce qu'une nécessité plus forte, *issue de l'environnement* (ἐκ τοῦ περιέχοντος) les ébranle et les disperse » (68A37, je souligne).

DOSSIER

Aux frontières de l'espèce

Y A-T-IL UN TIGRE ÉTALON ?

Filipe Drapeau Vieira Contim

Les termes d'espèce naturelle font débat : s'agit-il de termes descriptifs qui exprimeraient des caractéristiques des objets tombant dans leur extension, ou fonctionnent-ils plutôt comme des noms qui désigneraient directement leur espèce, sans l'intermédiaire d'une description ? Selon la théorie causale de la référence (TCR), un terme comme « Tigre » nomme directement l'espèce du Tigre grâce à l'ostension d'un échantillon de tigres individuels qui constitue l'étalon de référence pour les usages ultérieurs du terme. Je me propose ici de confronter la TCR à la pratique des noms de taxons telle qu'elle est réglée par le *Code International de Nomenclature Zoologique*. Je tâcherai de montrer qu'en dépit de contre-exemples avancés récemment, les prédictions de la TCR sont vérifiées par les noms scientifiques d'espèces et de sous-espèces.

Que signifient les termes d'espèce naturelle, comme « Or », « Hêtre » ou « Tigre » ? Est-ce que ce sont des termes *descriptifs* qui expriment des propriétés ou des attributs, à la manière d'adjectifs comme « rond » ou « célibataire » ? Ou s'apparentent-ils plutôt à des *noms* dont la fonction serait de désigner directement une certaine sorte ou classe naturelle de choses, sans passer par l'intermédiaire d'une description ? Après avoir éclipsé le descriptivisme au début des années 1970, la théorie causale de la référence des termes d'espèce (TCR) élaborée par Kripke et Putman est devenue aujourd'hui la sagesse dominante. Dans la version kripkéenne de la TCR, un terme comme « Tigre » est censé nommer l'espèce du Tigre directement, sans recourir à une description, grâce à l'ostension d'un échantillon restreint de tigres individuels qui constitue l'étalon de référence pour tous les usages ultérieurs du terme, aussi éloignés soient-ils du baptême d'origine. Si la TCR a été beaucoup discutée, rares sont les travaux qui cherchent à la confronter à la pratique effective des noms scientifiques de taxons telle qu'elle est réglée par le *Code International de Nomenclature Zoologique*. C'est ce que je me propose de faire ici. Je tâcherai de montrer que bien qu'elle ait été élaborée sans connaissance de la nomenclature zoologique, la TCR trouve une confirmation dans l'usage des noms scientifiques d'espèces et de sous-espèces. Je tenterai en particulier de montrer que certains contre-exemples avancés récemment constituent tout au contraire une confirmation de la TCR et vérifient notamment les prédictions que la théorie est amenée à faire concernant l'identification des exemplaires étalons. Si ce que j'avance est juste, il y a un sens auquel on peut dire qu'il y a un tigre étalon, comme il y a, ou il y a eu, un mètre étalon.

Kripke et la fixation ostensive de la référence des termes d'espèce

Le descriptivisme à l'égard des termes d'espèce a longtemps fait consensus. Selon cette conception, un terme d'espèce est synonyme d'une certaine description définie qui exprime les propriétés individuellement nécessaires et conjointement suffisantes – généralement des traits manifestes ou facilement observables – qu'un objet doit satisfaire pour tomber dans l'extension du terme. Le sens du terme « Tigre », par exemple, pourrait être paraphrasé au moyen de la description définie « Le félin carnivore, long de 3 mètres à l'âge adulte, dont la robe est jaune et rayée de noir ».

Les défauts du descriptivisme des termes d'espèce sont bien connus depuis que Kripke les a mis au jour dans la troisième conférence de *La logique des noms propres*. Si « Tigre » est synonyme de la description vue plus haut, alors il est *analytiquement* vrai, c'est-à-dire vrai en vertu de la signification de « Tigre », que le Tigre est un félin carnivore long de 3 mètres, etc., ce qui a deux conséquences, l'une modale, l'autre épistémique : 1) il est *nécessaire* que le Tigre soit un félin carnivore long de 3 mètres, etc., autrement dit il est vrai dans tous les mondes possibles qu'un individu est un tigre si et seulement s'il possède ces propriétés. 2) Il est *vrai* a priori que le Tigre possède ces propriétés : la signification de « Tigre » exclut qu'on puisse découvrir dans notre monde un tigre auquel manquerait l'une de ces propriétés, ou du moins la plupart d'entre elles. Or comme le fait valoir Kripke, ces deux conséquences sont manifestement fausses : 1) Il est contingent que le Tigre possède les propriétés phénotypiques qu'il a actuellement. On peut facilement imaginer un cours contrefactuel de la lignée des tigres dans lequel, sous l'effet de mutations et de pressions sélectives différentes de celles qui ont prévalu dans notre monde, les tigres n'auraient pas été des grands carnivores mais des omnivores de la taille d'un chat, à robe uniforme plutôt que rayée, etc., tout en restant des tigres. 2) On ne peut pas exclure *a priori* – même si c'est improbable à la lumière de nos connaissances empiriques – la découverte de tigres totalement atypiques dans notre monde actuel. Peut-être découvrirons-nous un jour une population insulaire de tigres nains, albinos, etc., et qui pourtant appartiennent à l'espèce des tigres à l'aune des concepts d'espèces défendus par les biologistes : ces tigres nains sont interféconds avec les tigres typiques, leurs lignées respectives ont en commun un ancêtre très récent, etc.

Kripke en conclut que le descriptivisme des termes d'espèce est erroné, à la fois comme théorie du sens et comme théorie de la référence : (i) Les termes d'espèce ne sont pas synonymes de descriptions définies ; (ii) ils n'ont pas leur référence fixée au moyen d'une description définie. Si, contrairement à Putnam, Kripke en dit assez peu sur la sémantique des termes d'espèce appelée à remplacer le descriptivisme, il a en revanche une vue plus précise sur la façon dont leur référence est fixée. La question se pose car si un terme d'espèce n'a pas sa référence fixée par une description définie, comment se voit-il assigner cette espèce-là plutôt qu'une autre à titre de référent ? Selon Kripke, la fixation de la référence d'un terme d'espèce prend la forme d'un baptême *ostensif* qui procède par monstration d'un échantillon limité d'exemplaires de l'espèce, ces exemplaires constituant l'étalon de référence sur lequel doivent se régler les usages subséquents du terme. Dans le cas du terme « Tigre », le baptême, qui n'est pas forcément ritualisé et peut demeurer tacite, pourrait être explicité de la façon suivante : « Désormais, "Tigre" désignera l'espèce qui est exemplifiée par la plupart de ces individus », où « ces individus » est un démonstratif désignant un échantillon d'exemplaires que le locuteur est en mesure de percevoir.

Il faut insister sur le sens fort que revêt ici la « fixation » de la référence par ostension. Kripke ne se contente pas de dire que l'ostension d'exemplaires permet d'assigner une référence à un terme d'espèce au moment du baptême. L'idée mise en avant est que cette assignation est *durable* : l'ostension d'exemplaires originels doit permettre de *stabiliser* la référence du terme en dépit des révisions qu'on pourra apporter par la suite à notre connaissance de l'espèce. Ainsi, peut-être apprendrons-nous un jour que les tigres ne sont pas des félins mais en réalité des grands marsupiaux, qu'ils ne sont pas carnivores mais omnivores, etc. En dépit de ces bouleversements dans notre représentation du Tigre, « Tigre » continuera à désigner la même espèce que celle qui lui a été assignée lors du baptême. Selon Kripke, cette stabilité référentielle tient au fait que les usages futurs d'un terme d'espèce héritent de la référence de ses usages originaires *via* une chaîne causale de transmission du terme, de la même façon que pour les usages d'un nom propre. Kripke ne défend donc pas une simple théorie causale de la référence mais plus encore une théorie causale *historique*[1] dans laquelle les usages originaires d'un terme d'espèce jouissent d'une autorité référentielle par rapport aux usages subséquents. De son côté, le descriptivisme s'avère incapable de rendre compte de la stabilité référentielle : la description définie associée à un terme d'espèce capturant les caractéristiques connues de l'espèce à un certain instant t, toute découverte ou révision substantielle de l'état de nos connaissances devrait entraîner un changement de signification du terme, et donc potentiellement aussi de sa référence[2].

■ 1. S. Kripke, *La logique des noms propres*, trad. fr. P. Jacob et F. Recanati, Paris, Minuit, 1982, p 128.
■ 2. Notons qu'un changement de signification n'entraîne pas nécessairement un changement de référence, deux termes pouvant avoir des sens distincts et pourtant même référence, comme l'illustre le célèbre exemple de Frege des noms « Hesperus » et « Phosphorus » désignant tous deux Vénus. Il n'en demeure pas moins que l'identité de sens garantit l'identité de référence, ce qui fait que la stabilité référentielle n'est plus garantie dans le descriptivisme.

Le tigre étalon

Cette priorité référentielle du baptême ostensif comporte une conséquence étonnante. En effet, si la référence d'un terme d'espèce est fixée par l'ostension de quelques exemplaires jouant le rôle d'étalon de la référence, c'est donc une vérité *a priori* et non pas empirique que ces exemplaires appartiennent à l'espèce en question. Kripke assume explicitement cette conséquence :

> Si nous imaginons un baptême hypothétique […] de cette substance, nous devons imaginer une cérémonie où la « définition » serait à peu près : « L'or est la substance exemplifiée par les spécimens que voilà, ou du moins par la plupart d'entre eux ». […]. La définition exprime […] une vérité *a priori*, tout comme la définition du mètre « 1 mètre = la longueur de [la barre étalon] S » : ces définitions *fixent une référence.* Je crois qu'en général c'est ainsi qu'on fixe la référence des noms d'espèce naturelle (que ces espèces soient chimiques, végétales ou animales) : on définit la substance comme l'espèce qu'exemplifient (pour la plupart) les éléments d'un échantillon donné[3].

Dans ce passage, Kripke compare les exemplaires servant à baptiser une espèce, ici l'or, au mètre étalon. Si le terme d'unité de mesure « le mètre » désigne par convention la longueur de la barre S de platine iridié conservée à Sèvres, alors il est vrai *a priori* que S est longue de 1 mètre, il est inutile et même absurde de tenter de la mesurer pour le savoir, ce fait est garanti à l'avance par la façon dont on a fixé la référence du terme. Il en va de même *mutatis mutandis* des exemplaires pointés lors du baptême de l'or. Si la référence de « or » est fixée par l'ostension de certains exemplaires, alors il est vrai *a priori* que ces exemplaires, s'ils sont de la même substance, sont des portions d'or plutôt que d'une autre substance. En revanche, pour la multitude des morceaux extérieurs à l'échantillon d'origine, savoir s'ils sont des portions d'or plutôt que d'une autre substance est bien entendu une question empirique à laquelle seuls les tests du chimiste ou de l'orfèvre peuvent répondre. Plus généralement, la théorie causale historique de la référence (ci-après TCR) défendue par Kripke implique, pour tout terme d'espèce « E » introduit par ostension d'un échantillon restreint d'individus $i_1, i_2, \ldots i_k$:

(A PRIORI) : Il est vrai *a priori* que si $i_1, i_2, \ldots i_k$ sont de la même sorte, alors $i_1, i_2, \ldots i_k$ sont de l'espèce E.

L'assertion « $i_1, i_2, \ldots i_k$ sont des E » est donc *immunisée à l'encontre de l'erreur de classification* : on ne peut pas rationnellement envisager que l'on apprenne un jour que $i_1, i_2, \ldots i_k$ ne sont pas de l'espèce E mais d'une autre espèce E'.

Il faut ici écarter un possible malentendu : (A PRIORI) est une thèse épistémique, qui dit qu'on peut *savoir* a priori que les exemplaires de l'échantillon d'origine appartiennent à l'espèce qu'ils servent à nommer,

---

3. S. Kripke, *La logique des noms propres, op. cit.*, p. 124. Kripke reprend ici la définition que la Conférence Générale des Poids et des Mesures donna du terme « mètre » en 1889. Depuis, le terme a été redéfini plusieurs fois, la convention actuellement en vigueur fixant sa référence comme étant la distance parcourue par la lumière dans le vide en 1/299 792 458 secondes.

mais elle n'implique d'aucune façon la thèse essentialiste selon laquelle ces exemplaires étalons appartiendraient *nécessairement* à leur espèce.

Kripke soutient en effet que l'a-prioricité n'implique pas forcément la nécessité, il y a des énoncés dont la vérité est connue *a priori* bien qu'ils décrivent des faits contingents, et c'est précisément le cas selon lui de l'énoncé « la barre S mesure 1 mètre » auquel Kripke compare la définition ostensive des termes d'espèces. Il est vrai *a priori* mais seulement de façon contingente que S mesure 1 mètre. En effet, on peut facilement imaginer une circonstance contrefactuelle *w* dans laquelle, du fait de conditions de température et de pression différentes de celles qui prévalent actuellement, S aurait été légèrement dilatée, disons de 2 millimètres, et n'aurait donc pas eu la même longueur qu'actuellement. Le terme « mètre » désignant rigidement dans tous les mondes possibles la longueur que S possède dans le monde *actuel*, il s'ensuit qu'on doit décrire *w* comme un monde où la longueur de S n'aurait pas été 1 mètre mais 1,002 mètres[4]. Il est donc contingent que S mesure 1 mètre bien qu'on sache *a priori* qu'elle a cette longueur dans le monde actuel.

Considérons à présent l'unique spécimen, appelons-le « Raja », au moyen duquel en 1844 Coenraad Temminck a décrit et nommé pour la première fois le Tigre de Java (*Panthera tigris sondaica*), un cas dans lequel l'échantillon original se réduit donc à un seul exemplaire. La TCR implique qu'il est vrai *a priori* que Raja est un tigre de Java. Néanmoins, si l'on suit la comparaison avec le mètre étalon, cela n'implique pas que Raja, en tant que tigre étalon, soit nécessairement un tigre de Java ni même un tigre tout court. À en croire Joseph LaPorte[5], il y a même de bonnes raisons de penser qu'un individu appartient de façon contingente à son espèce ou sous-espèce actuelle, et si, de son côté, Kripke continue à soutenir que l'appartenance est nécessaire, c'est pour des raisons essentialistes qui sont *indépendantes* de la thèse (A PRIORI). L'essentialisme est une option métaphysique qui n'est pas impliquée par (A PRIORI) et qu'on ne peut donc pas retourner contre elle.

De même, la TCR n'implique pas qu'une espèce inclue nécessairement les exemplaires qui lui servent actuellement d'étalons. Supposons que l'on puisse articuler le baptême du Tigre de Java par Temminck en disant : « Désormais, "*Panthera tigris sondaica*" désignera tous les individus de la même sous-espèce que celui-ci (Raja) ». Cette stipulation n'implique aucunement que l'existence de tigres de Java nécessiterait celle de Raja, des tigres de Java auraient évidemment pu exister sans que Raja voie le jour. Le kripkéen peut facilement en rendre compte en faisant valoir que même si Raja sert à fixer la référence du terme « Tigre de Java » dans le monde actuel, dès lors que l'étalon a accompli son travail, il est hors-jeu d'un point de vue sémantique, un peu comme on jetterait une échelle après usage : le terme désigne rigidement cette sous-espèce, elle et elle seule, sans mention de son étalon actuel, dans tous les mondes possibles où le terme est évalué,

■ 4. Ajoutons que si dans *w* « mètre » avait eu sa référence fixée par la longueur que S possède dans *ce monde w*, alors « mètre » dans la bouche des locuteurs de *w* n'aurait pas désigné la même longueur que « mètre » tel que *nous*, nous l'utilisons, y compris lorsque nous décrivons le monde *w*.

■ 5. J. LaPorte, *Natural kinds and conceptual change*, Cambridge, Cambridge University Press, 2004, p. 52-62.

y compris dans des mondes où la sous-espèce existe en l'absence de Raja, pensons par exemple à une circonstance où les deux tigres de Java qui sont les parents actuels de Raja ne se seraient jamais rencontrés.

Maintenant qu'on a une vue plus claire de la thèse (A PRIORI) et de ses implications, j'en viens au point qui m'intéresse : utiliser (A PRIORI) comme pierre de touche de la TCR. Les termes d'espèce ont-ils vraiment leur référence fixée par l'ostension d'exemplaires originels ? Y a-t-il des tigres étalons comme il y a un mètre étalon ? Avant de répondre à la question, encore faut-il s'entendre sur les termes dont on parle : s'agit-il de noms *vernaculaires*, et si tel est le cas, sont-ils issus de taxinomies naïves, comme « l'Emouchet »[6], ou de taxinomies scientifiquement informées, comme « Faucon crécerelle » et « Épervier d'Europe » ? Ou bien veut-on parler des noms *scientifiques* au sens strict, c'est-à-dire des noms dont l'introduction et l'usage sont réglés par des codes de nomenclature scientifique, par exemple le binom latin « *Falco tinnunculus* » qui désigne l'espèce du Faucon crécerelle ? Kripke ne le précise pas, sans doute parce qu'il considère qu'il y a une continuité entre les noms vernaculaires et les noms scientifiques, présupposé qui mériterait une discussion à part. Je me cantonnerai ici à la question qui est de savoir si la TCR est vérifiée par les noms issus de la nomenclature zoologique, et plus précisément les noms de taxon de rangs espèce et sous-espèce. Ce test attendu est bizarrement négligé par l'énorme littérature dédiée à la TCR[7]. Pourtant, comme on va le voir, les noms de taxon sont sans doute ce qui s'approche le plus de l'idée que Kripke se fait des termes d'espèce à baptême ostensif.

Le principe de typification dans la nomenclature zoologique

Les noms scientifiques de taxon se présentent sous la forme de binoms ou de trinoms latins selon qu'ils désignent des espèces ou des sous-espèces, par exemple « *Panthera tigris* » pour l'espèce du Tigre, et « *Panthera tigris sondaica* » pour le Tigre de Java qui est l'une de ses sous-espèces (aujourd'hui éteinte). L'introduction et l'usage de ces noms obéissent à des règles strictes qui sont systématisées dans le *Code International de Nomenclature Zoologique*. Or l'article 61 du *Code* énonce un principe, *le principe de typification*, qui semble répondre exactement au rôle référentiel du baptême ostensif chez Kripke :

Article 61.1. Énoncé du Principe de Typification. Tout taxon nominal de l'un des rangs des niveaux famille, genre et espèce a réellement ou potentiellement un type porte-nom. La fixation du type porte-nom d'un taxon nominal fournit

6. Jusqu'à la diffusion massive de guides ornithologiques dans les années 1980, le terme était utilisé par le profane pour désigner trois espèces de rapaces diurnes confondues entre elles, le Faucon crécerelle, l'Autour des palombes et l'Épervier d'Europe.

7. À l'exception notable des travaux de D. Hull, « Exemplars and scientific change », *Proceedings of the Biennial Meeting of the Philosophy of Science* 2, 1982, p. 479-503 ; de C. Bolton, « Proper names, taxomomic names and necessity », *Philosophical Quarterly*, vol. 46, n°183, 1996, p. 145-157, et du débat ouvert plus récemment par A. Levine concernant le rôle des spécimens type dans la nomenclature zoologique : A. Levine, « Individualism, type specimens, and the scrutability of species membership », *Biology and Philosophy* 16, 2001, p. 325-338 ; J. LaPorte, « Does a type specimen necessarily or contingently belong to its species ? », *Biology and Philosophy* 18, 2003, p. 583-588 ; M. H. Haber, « How to misidentify a type spécimen », *Biology and Philosophy* 27, 2012, p. 767-784. Signalons enfin en français l'étude très fouillée d'É. Clémençon, *La référence dans les sciences de la nature*, thèse de doctorat de philosophie, Aix-en-Provence, Université d'Aix-Marseille 1, 2011.

le standard objectif de référence pour l'application du nom de ce taxon. [...] Quelles que soient les limites qu'un taxon peut avoir selon les zoologistes, ce sont les types porte-nom considérés comme inclus dans ces limites qui servent à déterminer le nom valide du taxon. [...]. Une fois fixés, les types porte-nom sont définitifs et assurent une objectivité permanente à l'application des noms[8].

Le principe stipule que pour chaque taxon nouvellement décrit et nommé, le découvreur doit désigner un type porte-nom ou type nomenclatural. Idéalement, le type n'est pas un échantillon de spécimens mais un spécimen unique, appelé alors « holotype », qui est prélevé sur le terrain, numéroté et conservé dans un musée ou dans la collection d'un laboratoire accessibles à l'étude. Par exemple « USNM 492974 » est le nom de l'individu conservé au US National Museum of Natural History, qui sert d'holotype au Puffin de Bryan *Puffinus bryani*, une espèce d'oiseau de mer découverte en 2011. Ce spécimen constitue selon le *Code* « le standard objectif de référence pour l'application du nom du taxon ». Autrement dit, pour reprendre notre exemple, les usages du nom « *Puffinus bryani* » sont gouvernés par la règle : « *Puffinus bryani* » s'applique à tous les individus de la même espèce que USNM 492974, et rien qu'eux.

Voilà qui rappelle beaucoup un baptême ostensif à la Kripke, à commencer par le contenu descriptif très pauvre de la règle de référence qui se contente de nommer un exemplaire étalon sans rien dire des propriétés de l'espèce – sa phylogénie, son phénotype, sa biologie, etc. – au motif que ce sont des caractérisations « subjectives »[9] selon le *Code*, c'est-à-dire dépendantes du jugement et donc instables, variant d'un zoologiste à l'autre et au travers du temps. Certes, des éléments de description sont présents au moment du baptême dans la mesure où le *Code* recommande pour chaque espèce nouvellement nommée de joindre également une *diagnose*[10] et une *description*[11] : la diagnose énonce les caractères de l'espèce qui permettent de la distinguer des espèces semblables, tandis que la description dresse la liste des traits morphologiques (par exemple les motifs et colorations des différents types de plumes pour un oiseau) et biométriques (la longueur du bec, des tibias, tarses, etc.) du spécimen type. Néanmoins, le *Code* précise que ces éléments descriptifs ne jouent aucun rôle dans la fixation de la référence du nom d'espèce, qui est entièrement prise en charge par le spécimen type. Un baptême peut ainsi parfaitement réussir en dépit d'une diagnose incorrecte : s'il s'avère que le spécimen type est d'une certaine espèce E tandis que malencontreusement la diagnose reflète plutôt les traits d'une espèce E', le nom introduit fait bien référence à E et non à E'. De même, il n'est pas requis que le spécimen type soit « typique » de son espèce : sa description peut très bien être infidèle à l'espèce qu'il sert à nommer, par exemple en raison d'une ou plusieurs anomalies du spécimen type (albinisme, excroissance anormale au bec, etc.).

■ 8. International Commission on Zoological Nomenclature, *International Code of Zoological Nomenclature* (ICZN), London, International Trust for Zoological Nomenclature, 1999, 4e éd., § 61.1. Je souligne.
■ 9. *Ibid.*, glossaire, « Subjectif ».
■ 10. *Ibid.*, Recommandation 13A.
■ 11. *Ibid.*, § 73A-B-C.

L'expulsion de toute description au profit du seul spécimen type dans le processus de fixation de la référence vise à garantir « la stabilité et l'universalité des noms scientifiques »[12]. Deux zoologistes qui ne s'accordent pas sur l'extension d'une espèce – par exemple l'un pense qu'elle recouvre deux populations tandis que l'autre soutient qu'elle ne doit être identifiée qu'à l'une d'elles, les deux populations constituant selon lui deux espèces distinctes – peuvent néanmoins continuer à parler le même langage et à utiliser le nom d'espèce au même sens et selon la même référence dès lors qu'ils s'en tiennent à la règle selon laquelle le nom désigne l'espèce exemplifiée par un certain spécimen type reconnu par tous. De même, le jour où l'on a appris que le Faucon crécerelle *Falco tinnunculus* est en réalité plus apparenté aux perroquets qu'aux autres rapaces diurnes (aigles, buses, vautours, etc.) auxquels on l'associait jusqu'ici, cette révision de la taxinomie n'a pas affecté le sens et la référence du binom latin qui restent inflexiblement déterminés par le spécimen type.

Tout ceci fait dire à David Hull : « Quelle que soit la pertinence de l'analyse de Kripke-Putnam en général, elle décrit adéquatement la façon dont les systématiciens introduisent les noms de taxons biologiques »[13]. Cette correspondance est d'autant plus étonnante qu'au moment où il forge la TCR, Kripke ne semble pas avoir connaissance de la procédure de typification alors que cette pratique remonte à la fin du XIXe siècle et qu'elle est codifiée depuis 1961, année de la première édition du *Code*. Si Hull voit juste, on doit donc s'attendre à ce que les noms de taxons vérifient les conséquences de la TCR, et notamment la thèse (A PRIORI). Pour reprendre notre exemple : si l'individu mâle adulte étiqueté USNM 492974 est l'holotype fixant la référence du nom « *Puffinus Bryani* », alors il est vrai *a priori* que USNM 492974 est un puffin de Bryan, il est impossible d'imaginer que l'expérience nous apprenne un jour que ce spécimen est un oiseau d'une autre espèce que le puffin de Bryan.

Le contre-exemple des désignations de néotypes

Or il n'est pas sûr que la TCR trouve une confirmation dans les noms de taxons. Il existe en effet une famille de contre-exemples potentiels de la thèse (A PRIORI) dont je voudrais discuter ici. Ils surviennent lorsqu'on découvre que *le spécimen type d'un nom de taxon n'est pas de la même espèce que celle à laquelle on applique habituellement le nom*, ou, pour reprendre les termes du *Code*, lorsqu'il y a un *conflit taxinomique entre le spécimen type et l'usage du nom*. Dans ce genre de cas, on devrait s'attendre, selon Kripke, à ce que l'usage du nom de taxon soit corrigé pour être rendu conforme au spécimen type puisque c'est ce dernier qui fixe la référence et détermine quel usage du nom est correct ou non. Dans la terminologie du *Code*, on aurait alors affaire à une utilisation erronée ou mésusage (*misapplication*)[14] du nom d'espèce. Pourtant, il arrive que la direction d'ajustement soit inversée : plutôt

12. ICZN, *op. cit.*, préambule.
13. D. Hull, « Exemplars and scientific change », art. cit.
14. « Utilisation erronée : Emploi, délibéré ou non, d'un nom dans un sens qui n'est pas correct au regard des dispositions du *Code*, p. ex. en contradiction avec le type porte-nom de ce taxon », ICZN, *op. cit.*, glossaire, « erronée ».

que de corriger l'usage du nom à l'aune du spécimen type, les zoologistes changent le spécimen afin de le conformer à l'usage, comme si l'on avait commis une erreur d'identification (*misidentification*) [15] à l'égard du spécimen lui-même, et que c'était l'usage du nom et toutes les représentations associées qui déterminaient la référence. Non seulement des cas de ce genre ne sont pas rares mais ils sont prévus et réglés par l'article 75.6 du *Code*, qui précise dans quelles conditions il est permis de désigner un nouveau spécimen type, appelé « néotype », afin de maintenir l'usage d'un nom de taxon. En guise de contre-exemple, je partirai de celui que Matthew Haber a mis en avant dans un article récent [16] afin de contester le bien-fondé de la TCR et notamment de la thèse (A PRIORI) en matière de noms de taxon.

Le contre-exemple de Haber porte sur les noms de deux sous-espèces de la Couleuvre rayée *Thamnophis sirtalis*, une espèce de couleuvre nord-américaine. De 1941 jusqu'à 1995, il était d'usage parmi les naturalistes d'utiliser le nom « *Thamnophis sirtalis tetrataenia* » pour désigner la Couleuvre rayée de San Francisco, et « *Thamnophis sirtalis infernalis* » pour désigner la Couleuvre rayée de Californie. La Couleuvre de San Francisco n'existe que dans la péninsule de San Francisco, elle est menacée d'extinction et bénéficie à ce titre de mesures de conservation, tandis que la Couleuvre de Californie est répandue tout le long de la côte californienne à l'exception de la péninsule de San Francisco, et jouit d'un bon état de conservation. En 1995, Boundy et Rossman publient un examen du spécimen étiqueté « MNHN 846 » collecté et décrit par Blainville en 1835, qui sert d'holotype au nom « *T. s. infernalis* ». À la surprise générale, il s'avère que MNHN 846 est en réalité non pas une Couleuvre de Californie mais une Couleuvre de San Francisco. On découvre ainsi qu'il existe un conflit taxinomique entre l'holotype et l'usage du nom :

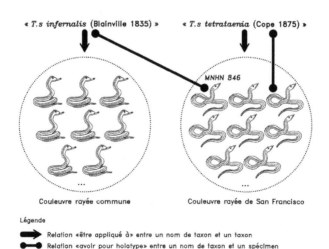

Conflit taxinomique entre spécimen type et usage du nom : premier exemple
(© Adèle Pavia, 2022)

■ 15. « Identification erronée : Attribution inexacte d'un spécimen à un taxon particulier », *ibid.*
■ 16. M. H. Haber, « How to misidentify a type spécimen », art. cit.

l'holotype de « *infernalis* » est une couleuvre de San Francisco tandis que le nom est appliqué depuis plus de 50 ans à la Couleuvre de Californie.

Ce type de conflit constitue un excellent test de la TCR. En effet, appliquée à ce genre de cas, la TCR conduit à faire deux prédictions, l'une concernant la nature de l'erreur à l'origine du conflit, l'autre concernant la dénomination des taxons.

Les termes d'espèces ont-ils vraiment leur référence fixée par l'ostension d'exemplaires originels ?

Tout d'abord, la TCR implique que le conflit entre l'holotype et l'usage du nom est dû à *une erreur d'identification à l'égard non pas de l'holotype mais du taxon*. Pour reprendre la terminologie du *Code*, on aurait affaire à un mésusage plutôt qu'à une erreur d'identification. En effet, d'après la TCR, le nom « *infernalis* » fait référence par définition à la sous-espèce à laquelle appartient l'holotype MNHN 846. Il s'ensuit qu'il est vrai *a priori* que MNHN 846 est une couleuvre *infernalis*, on ne peut pas se tromper sur l'identité sub-spécifique du spécimen type. En revanche, une erreur d'identification a dû être commise à l'égard du taxon lui-même. En effet, en découvrant que MNHN 846 est en réalité une couleuvre de San Francisco, on devrait découvrir, selon la TCR, que le nom « *infernalis* » désigne en réalité la Couleuvre de San Francisco et on se trompe depuis des dizaines d'années en croyant qu'*infernalis* est la Couleuvre de Californie. La TCR implique donc qu'un grand nombre d'énoncés de la littérature spécialisée sont littéralement faux : il n'est pas vrai qu'*infernalis* occupe toute la côte californienne, elle n'existe en réalité que dans la péninsule de San Francisco ; il n'est pas vrai qu'elle soit une espèce commune, *infernalis* est en réalité menacée d'extinction, etc. Bref, si Kripke voit juste, nous devons corriger notre usage du nom pour l'ajuster au spécimen type, et procéder à une révision substantielle de l'ensemble des énoncés comportant le nom « *infernalis* » acceptés jusqu'à présent.

La TCR implique une seconde conséquence concernant la dénomination des taxons. On sait que le spécimen MNHN 846 qui sert d'holotype à « *infernalis* » est en réalité une couleuvre de San Francisco, c'est-à-dire un spécimen de la même sous-espèce que le spécimen USNM 21384 qui servait jusqu'ici d'holotype au nom « *tetrataenia* ». Puisque ces spécimens type fixent la référence de leurs noms respectifs selon la TCR, et qu'ils sont de la même sous-espèce, alors les noms « *infernalis* » et « *tetrataenia* » sont des *synonymes* au sens technique du *Code* [17] : ce sont deux noms distincts qui désignent en réalité le même taxon, ici la Couleuvre de San Francisco. En révélant l'identité subspécifique de l'holotype de « *infernalis* », Boundy et Rossman ont donc découvert que *infernalis* = *tetrataenia*, c'est du moins ce que prédit la TCR. Cela signifie qu'un même taxon, la Couleuvre de San Francisco, porterait deux noms. Or le *Code* énonce, à l'article 23.1, le *Principe de priorité* qui stipule que lorsqu'il est avéré qu'un taxon porte plusieurs noms, on ne doit conserver que le nom le plus ancien, et il se trouve que le

---

17. ICZN, *op. cit.*, glossaire, « synonyme ».

nom « *infernalis* » a été assigné dès 1835, soit 40 ans avant « *tetrataenia* ». La TCR combinée au principe de priorité devrait donc conduire à éteindre l'usage du nom « *tetrataenia* » au profit exclusif de « *infernalis* » pour désigner la Couleuvre de San Francisco. Autrement dit, on devrait s'attendre à un transfert complet de l'usage de « *infernalis* », de la Couleuvre de Californie vers la Couleuvre de San Francisco. Du coup, on se rendrait compte que la Couleuvre de Californie ne possède aucun nom scientifique : il faudrait donc la baptiser, si possible en réactivant un des anciens noms (s'il y en a) qui a servi à la nommer par le passé et dont l'usage s'est perdu depuis.

Nous avons décrit ce qui *aurait dû* se produire selon la TCR. Or la réaction des zoologistes a été l'inverse.

Suivant une proposition de Barry et Jennings [18], la Commission Internationale de Nomenclature Zoologique a en effet décidé de changer l'holotype plutôt que de corriger l'usage actuel des noms : le spécimen MNHN 846 de Couleuvre de San Francisco qui était assigné jusqu'ici au nom « *infernalis* » a été abandonné et remplacé par un néotype, c'est-à-dire un nouveau spécimen type, appartenant à la sous-espèce de la Couleuvre de Californie, conformément à l'usage du nom [19]. Cela semble montrer que, du point de vue des zoologistes, *l'erreur d'identification a été commise non pas à l'égard du taxon mais à l'égard du spécimen type* ; dans la terminologie du *Code* il y aurait erreur d'identification plutôt que mésusage. Selon cette interprétation, *infernalis* est bien la sous-espèce à laquelle on pensait, à savoir la Couleuvre de Californie, mais on s'est trompé sur la sous-espèce à laquelle appartient son holotype : MNHN 846 étant en réalité une couleuvre de San Francisco, il suit que ce spécimen n'est pas une couleuvre *infernalis*, et il faut le remplacer par un spécimen type appartenant à la bonne sous-espèce. La TCR semble donc être prise en défaut. Premièrement, un nom de taxon n'a pas sa référence fixée par un spécimen type : le nom « *infernalis* » fait référence à la Couleuvre de Californie quand bien même son holotype est une couleuvre de San Francisco. Deuxièmement, notre jugement concernant le spécimen type n'est pas immunisé à l'encontre de l'erreur de classification, il n'est pas vrai *a priori* que le spécimen tombe dans l'extension du nom de taxon auquel il est attaché, l'erreur empirique est toujours possible : on a découvert que MNHN 846, l'holotype de « *infernalis* », n'est pas une couleuvre *infernalis*, mais une couleuvre *tetrataenia*. Enfin, aucune des modifications de l'usage des noms prédites par la TCR n'a été observée. Comme on l'a vu, il semble que les deux noms fassent référence à leurs sous-espèces respectives en dépit de l'erreur d'holotype. On n'est donc pas, semble-t-il, dans un cas de synonymie de noms de taxon qui exigerait de modifier leur usage. De fait, la pratique de dénomination est restée en l'état : à l'heure actuelle, les couleuvres de Californie

■ 18. S. J. Barry et M. R. Jennings, « Case 3012. *Coluber infernalis* Blainville, 1835 and *Eutaenia sirtalis tetrataenia* Cope in Yarrow, 1835 (currently *Thamnophis sirtalis infernalis* and *T. s. tetrataenia*; Reptilia, Squamata) : proposed conservation of the subspecific names by the designation of a neotype for *T. s. infernalis* », *Bulletin of Zoological Nomenclature*, vol. 55, n°4, 1998, p. 224-228.

■ 19. International Commission on Zoological Nomenclature, « Opinion 1961. *Coluber infernalis* Blainville, 1835 and *Eutaenia sirtalis tetrataenia* Cope in Yarrow, 1835 (currently *Thamnophis sirtalis infernalis* and *T. s. tetrataenia*; Reptilia, Serpentes) : subspecific names conserved by the designation of a neotype for *T. s. infernalis* », *Bulletin of Zoological Nomenclature*, vol. 57, n°3, 2000, p. 191-192.

et de San Francisco sont toujours appelées respectivement « *Thamnophis sirtalis infernalis* » et « *Thamnophis sirtalis tetrataenia* », et les énoncés où figurent ces noms n'ont pas été révisés dans la littérature spécialisée.

Le cas des couleuvres nord-américaines, et plus généralement tous les cas dans lesquels un conflit taxinomique entre le spécimen type et l'usage d'un nom est résolu par la désignation d'un néotype, semblent donc constituer des contre-exemples à la TCR. Selon moi, ces apparences sont trompeuses. Je tâcherai de montrer que loin d'infirmer la TCR, ces cas ne font au contraire que la confirmer. Pour ce faire, je ne contesterai pas les faits de nomenclature rapportés ici, mais bien plutôt la façon dont Haber les interprète du point de vue de la théorie de la référence. La raison principale qui m'amène à rejeter l'interprétation de Haber est qu'elle ne rend pas compte des nombreux cas de conflits taxinomiques qui sont similaires à celui des couleuvres américaines mais qui se résolvent conformément à ce que prédit la TCR. Le problème n'est donc pas tant que la TCR connaît des contre-exemples mais que les exemples tirent dans des directions opposées. Il nous faut donc chercher une interprétation qui rende ces data cohérents entre eux.

Le cas des poissons-chats africains : une confirmation de la TCR

Parmi les nombreux cas de résolution de conflit entre spécimen type et usage qui sont favorables à la TCR, je discuterai ici celui des poissons-chats africains.

Jusqu'au début des années 1990, l'usage dans la communauté des ichtyologues était d'appliquer les noms « *Schilbe mystus* » et « *Schilbe niloticus* » à deux espèces de poissons-chats africains : « *mystus* » pour désigner une espèce largement répartie dans toute l'Afrique à l'exception de l'Afrique du Nord, et « *niloticus* » pour désigner une espèce présente dans le Bassin du Nil. Ces espèces n'ayant pas de noms vernaculaires attitrés en français, je les appellerai respectivement le « Poisson-chat commun » et le « Poisson-chat du Nil ».

Dans un article paru en 1990, De Vos et Skelton révèlent que l'holotype du nom « *mystus* », spécimen utilisé par Linné lui-même dans sa description de l'espèce en 1758, n'est pas un poisson de la même espèce que celle à laquelle on applique habituellement le nom[20]. Il s'avère en effet que l'holotype NHRM 63 attaché au nom « *mystus* » est un poisson-chat du Nil alors que le nom est appliqué depuis des décennies au Poisson-chat commun. On a donc affaire ici à un cas de conflit entre le spécimen type et l'usage du nom qui est tout à fait similaire à celui des couleuvres américaines. Or sa découverte a suscité une réaction de la part des zoologistes qui est en parfaite conformité avec ce que prédit la TCR.

■ 20. L. De Vos et P. Skelton, « Name changes for two common African catfishes. Rehabilitation of *Schilbe intermedius* Rüppell, 1832 (Siluriformes, Schilbeidae) », *Cybium*, vol. 14, n°4, 1990, p. 323-326.

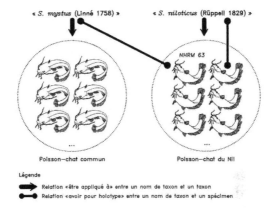

« *S. mystus* (Linné 1758) »   « *S. niloticus* (Rüppell 1829) »

NHRM 63

Poisson–chat commun   Poisson–chat du Nil

Légende
➤ Relation «être appliqué à» entre un nom de taxon et un taxon
●➤ Relation «avoir pour holotype» entre un nom de taxon et un spécimen

Conflit taxinomique entre spécimen type et usage du nom : second exemple
(© Adèle Pavia, 2022)

Tout d'abord, De Vos et Skelton, suivis par la Commission de Nomenclature, ont considéré que le conflit venait d'une *erreur d'identification à l'égard du taxon et non pas du spécimen type.* Autrement dit, le cas a été compris d'emblée comme un cas de mésusage du nom plutôt que d'identification erronée du spécimen. En effet, constatant que l'holotype NHRM 63 attaché au nom « *mystus* » est un poisson de la même espèce que l'holotype attaché à « *niloticus* » – ces spécimens sont tous les deux des poissons-chats du Nil –, De Vos et Skelton ont conclu de la conspécificité des holotypes à l'identité des espèces elles-mêmes : *mystus* est en réalité *niloticus.* Dans leur article, les deux noms sont ainsi qualifiés de « synonymes » au sens du *Code,* c'est-à-dire comme des noms désignant le même taxon, ici le Poisson-chat du Nil[21]. On s'est donc trompé sur le taxon et non sur le spécimen type : l'holotype NHRM 63 du nom « *mystus* » est bien un poisson *mystus,* mais l'espèce *mystus* n'est pas celle à laquelle on pensait ; *mystus,* c'est le Poisson-chat du Nil et non le Poisson-chat commun. On a là une confirmation de la TCR : le spécimen type fixe la référence du nom auquel il est attaché, au sens fort où il est exclu *a priori* qu'il puisse y avoir un conflit entre l'espèce nommée et l'espèce du spécimen étalon. Considérant qu'il y avait méprise sur l'espèce et non sur l'holotype, les zoologistes n'ont donc pas envisagé de remplacer NHRM 63 par un néotype. Ils ont procédé au contraire à une révision des énoncés contenant le nom « *mystus* » acceptés jusqu'ici. L'usage du nom s'est donc ajusté au spécimen type, et non l'inverse. La liste rouge IUCN des espèces menacées a ainsi modifié sa description de *mystus* pour la faire correspondre aux faits connus concernant le Poisson-chat du Nil, et il en va de même de la littérature spécialisée.

Enfin, le cas des poissons-chats africains vérifie la seconde prédiction de la TCR, concernant la dénomination des taxons. Considérant que leur découverte revenait à découvrir l'identité *mystus* = *niloticus,* De Vos et Skelton en ont

▨ 21. *Ibid.,* p. 324.

conclu qu'une même espèce, le Poisson-chat du Nil, portait deux noms, et ont donc invoqué le principe de priorité afin d'abandonner l'usage du nom le plus récent, le nom « *niloticus* » introduit en 1829 par Rüppell, au profit du nom le plus ancien, le nom « *mystus* » introduit en 1758 par Linné. Il en a résulté un transfert complet de l'usage du nom « *mystus* », du Poisson-chat commun vers le Poisson-chat du Nil. Du même coup, le Poisson-chat commun n'avait plus de nom. De Vos et Skelton ont donc réactivé un ancien nom de cette espèce, « *Schilbe intermedius* » introduit par Rüppell en 1832 à partir d'un spécimen de Poisson-chat commun, et c'est ce nom qui est utilisé aujourd'hui pour désigner l'espèce.

Récapitulons : nous avons examiné deux types de scénarios qui pointent dans des directions opposées. Le cas des couleuvres américaines semble infirmer la TCR, tandis que celui des poissons-chats africains semble au contraire la confirmer. Comment réconcilier ces données ? Je me propose de résoudre cette contradiction apparente à l'aide d'une célèbre distinction forgée par Kripke dans un tout autre contexte : celle entre *le référent conventionnel* et *le référent du locuteur*. Armé de cette distinction, j'espère pouvoir montrer que les deux types de scénarios constituent des confirmations de la TCR [22].

Référent d'usage et référent conventionnel des noms d'espèce

Commençons par rappeler la distinction, usuelle depuis Kripke, entre référent du locuteur et référent conventionnel ou sémantique d'un terme singulier. Imaginons qu'un matin, en allant à la boulangerie, je tombe sur un voisin de quartier qui se trouve être le sosie d'Alain Delon. Persuadé qu'il s'agit du célèbre acteur, je vous dis :

(1) Ce matin, j'ai croisé Alain Delon à la boulangerie.

L'énoncé (1) est faux, sans ambiguïté. En effet, en proférant le nom « Alain Delon », j'ai l'intention de l'utiliser au sens où tout le monde l'entend afin de désigner son référent conventionnel. Or comme le célèbre acteur est le porteur conventionnel du nom et que ce n'est pas lui que j'ai rencontré mais quelqu'un d'autre, l'énoncé que j'asserte est faux. Mais imaginons que par la suite vous et moi croisions régulièrement le sosie et que, tout comme moi, vous soyez persuadé qu'il s'agit d'Alain Delon. Nous prenons l'habitude de désigner le sosie au moyen du nom de l'acteur. Un jour, j'aperçois le sosie en train de repeindre la façade de sa maison, et je vous dis :

(2) Regarde, Alain Delon repeint la façade de sa maison.

Cette fois la question de savoir si mon assertion est vraie appelle une réponse plus nuancée. En un sens, l'énoncé (2) est tout aussi faux que (1) car,

---

■ 22. S. Kripke, « Speaker's reference and semantic reference », *Midwest Studies in Philosophy*, vol. 2, n° 1, 1977, p. 255-276. Le contenu de la section suivante et notamment la résolution des contre-exemples de Haber au moyen de la distinction kripkéenne entre référent conventionnel et référent du locuteur, est tiré d'une conférence que j'ai présentée au *Workshop de philosophie des sciences* de Rennes, 23-24 mai 2013. Jerzy Brzozowski a par la suite développé la même idée dans la section § 4.2 de son article « Biological taxon names are descriptive names », *History and Philosophy of the Life Sciences*, vol. 42, n° 3, 2020, p. 1-25.

dans la terminologie de Kripke, je conserve l'*intention générale* de désigner le référent conventionnel du nom. Comme l'acteur conventionnellement désigné par le nom n'est pas en train de peindre une façade ce jour-là, l'énoncé est littéralement faux. Mais en plus de cette intention référentielle générale, je manifeste ce que Kripke appelle une intention référentielle *spécifique* : j'utilise le nom « Alain Delon » afin de désigner *cet homme-là que vous et moi connaissons bien de vue*, un certain voisin de quartier que nous pouvons identifier perceptivement indépendamment du nom. Bien sûr, comme je suis persuadé que mon voisin est Alain Delon, je crois que mon intention spécifique et mon intention générale convergent vers la même cible, mais il se trouve que je me trompe. Il en résulte que mon assertion communique deux contenus : en raison de mon intention générale, ce que je dis littéralement est une proposition fausse à propos d'Alain Delon, le référent conventionnel du nom, mais en raison de mon intention spécifique, je communique pragmatiquement une seconde proposition[23], qui est vraie celle-ci, à propos de mon voisin de quartier qui constitue le référent du locuteur.

Lorsqu'il y a méprise sur l'identité du référent conventionnel d'un nom, on doit donc distinguer entre le référent sémantique, qui fait l'objet de l'intention générale du locuteur, et le référent du locuteur, qui fait l'objet de son intention spécifique, ce qui amène à distinguer deux types de propositions communiquées au moyen du nom : d'une part, ce qui est dit littéralement à propos du référent conventionnel, d'autre part, ce qui est communiqué pragmatiquement à propos du référent du locuteur. Selon moi, tous les cas de conflit taxinomique entre l'usage d'un nom de taxon et son spécimen type doivent justement être compris comme des cas de divergence entre le référent conventionnel et le référent du locuteur.

Voici donc mon interprétation du cas des couleuvres américaines. En vertu du principe de typification, le référent conventionnel du nom « T. s. infernalis » est bien la sous-espèce à laquelle appartient le spécimen type associé au nom, c'est-à-dire la Couleuvre de San Francisco. Toutefois, les naturalistes ont identifié à tort le référent conventionnel du nom à une autre sous-espèce qu'ils reconnaissent directement sur le terrain, indépendamment du spécimen type, à savoir la Couleuvre de Californie. Comme elle fait l'objet d'une intention référentielle spécifique, la Couleuvre de Californie constitue le référent d'usage ou référent des locuteurs du nom « infernalis ». Haber se trompe donc sur la nature du conflit : il s'agit d'un conflit non pas entre le spécimen type et le taxon nommé, mais entre le taxon qui est le porteur conventionnel du nom et le taxon qui est le référent d'usage. En découvrant la véritable identité du spécimen type, on a donc découvert que l'usage actuel du nom « infernalis » divergeait de sa signification conventionnelle fixée par la procédure de typification. Cela signifie que bon nombre des énoncés assertés jusqu'ici au moyen du nom « infernalis » expriment des faussetés littérales à propos de la Couleuvre de San Francisco, par exemple l'énoncé

■ 23. Sur la distinction entre ce qui est dit, ou proposition sémantiquement exprimée, et ce qui est pragmatiquement communiqué, encore appelé « implicature », voir les travaux pionniers de P. Grice, *Studies in the way of words*, Cambridge, Harvard University Press, 1989, part I « Logic and conversation ».

« *Infernalis* est une espèce non-menacée et bien distribuée ». Toutefois, ces assertions n'auront pas été vaines puisqu'en vertu de leur intention référentielle spécifique, les locuteurs ont réussi à communiquer pragmatiquement des propositions vraies à propos de la Couleuvre de Californie.

Cette interprétation me semble confirmée aussi bien par les articles publiés lors de la désignation du néotype du nom « *infernalis* » que par le texte du *Code*. Ainsi, lorsque Barry et Jennings publient leur proposition d'assigner un néotype à « *infernalis* », leur objectif est d'« éliminer la synonymie »[24] entre les noms « *infernalis* » et « *tetrataenia* ». En parlant de « synonymie », ces auteurs reconnaissent donc que les deux noms réfèrent conventionnellement au même taxon, à savoir la Couleuvre de San Francisco, comme le prédit la TCR. De son côté, l'article 75.6 du *Code*, que les auteurs invoquent pour désigner un néotype, n'envisage nullement qu'il puisse y avoir un conflit entre l'espèce d'un spécimen type et l'espèce qui porte le nom. Selon le *Code*, les protagonistes du conflit sont, d'un côté l'espèce à laquelle le nom est assigné *via* un spécimen type, et de l'autre l'espèce qui fait l'objet de ce que le *Code* appelle *l'usage prédominant* (*prevailing usage*) du nom. Le *Code* entend par là l'usage déviant mais régulier, durable et non-ambigu d'un nom d'espèce, la condition de prévalence étant fixée à un usage dans « au moins 25 travaux, publiés par au moins 10 auteurs au cours des 50 ans immédiatement précédents, et couvrant une période d'au moins 10 ans »[25], ce que vérifie l'usage actuel de « *infernalis* ». Le propos de l'article 75.6 est donc de régler les cas de divergence entre le référent conventionnel d'un nom d'espèce, fixé par la procédure de typification, et son référent d'usage.

Dans la plupart des cas, l'usage est corrigé à l'aune du référent conventionnel. C'est ce qui s'est passé dans le cas des poissons-chats africains : « *mystus* » ayant sa référence conventionnelle fixée par un spécimen étalon appartenant à l'espèce du Poisson-chat du Nil, l'usage déviant qui consistait à utiliser ce nom pour désigner le Poisson-chat commun a été supprimé, et le nom est désormais utilisé exclusivement pour désigner le Poisson-chat du Nil. Mais dans certains cas, le *Code* autorise qu'on puisse procéder à un nouveau baptême qui change la signification conventionnelle d'un nom d'espèce afin de sauvegarder l'usage prédominant même lorsque celui-ci est déviant. Cela se produit lorsque la correction de l'usage pourrait entraîner chez les utilisateurs non taxinomistes des confusions dommageables à la conservation de l'espèce. Pensons au fait que la littérature des naturalistes et des biologistes de la conservation (guides, atlas, études d'impact, etc.), les documents de sensibilisation auprès du grand public et les textes légaux concernant la protection de la rarissime Couleuvre de San Francisco utilisent pour désigner cette sous-espèce non pas le nom « *infernalis* », qui est appliqué à tort à la Couleuvre de Californie, mais le nom « *tetrataenia* ». Si, comme cela avait été envisagé de prime bord, on avait décidé de corriger l'usage prédominant en remplaçant toutes les occurrences du nom « *tetrataenia* » par celles du nom

---

24. S. J. Barry et M. R. Jennings, « Case 3012. *Coluber infernalis* Blainville, 1835 and *Eutaenia sirtalis tetrataenia* Cope in Yarrow, 1835 (currently *Thamnophis sirtalis infernalis* and *T. s. tetrataenia*; Reptilia, Squamata) : proposed conservation of the subspecific names by the designation of a neotype for *T. s. infernalis* », art. cit., p. 226.
25. ICZN, *op. cit.*, § 75.6.

« *infernalis* », la force d'inertie de l'usage chez les non-taxinomistes aurait à coup sûr entravé les mesures de conservation dont bénéficiait jusqu'ici la Couleuvre de San Francisco, au profit de la Couleuvre de Californie, une sous-espèce commune qui n'en a pas spécialement besoin[26]. En assignant au nom « *T. s. infernalis* » un nouveau spécimen type appartenant à la sous-espèce commune et non plus à la sous-espèce menacée, la Commission a donc décidé de changer le référent conventionnel du nom de taxon, et par là même sa signification conventionnelle. Il s'ensuit que l'énoncé « le spécimen MNHN 846 est de la sous-espèce *infernalis* » qui autrefois était vrai, est devenu faux. Cela contredit-il la TCR ? Nullement. C'est un fait trivial qu'on peut changer la valeur de vérité de n'importe quel énoncé en changeant la signification de l'une de ses parties. Même une instance de tautologie comme « Pierre est un philosophe ou Pierre n'est pas un philosophe » pourrait devenir fausse si nous décidions que le connecteur « ou » signifie désormais la conjonction plutôt que la disjonction. Il n'en demeure pas moins que cet énoncé est vrai *a priori* étant donné ce que « ou » signifie en français. Il en va de même des noms de taxon : tant que les taxinomistes ne changent pas explicitement la règle selon laquelle le nom « *infernalis* » a pour holotype MNHN 846, il est vrai *a priori* que MNHN 846 est une couleuvre *infernalis*, conformément à ce que prédit la TCR.

Conclusion

J'ai tâché de montrer que les noms scientifiques de taxon vérifient l'hypothèse de Kripke selon laquelle la référence d'un terme d'espèce est fixée par un ou plusieurs spécimens type, au sens fort où il est vrai *a priori* que ces spécimens appartiennent à l'espèce qu'ils servent à nommer. Il y a donc un tigre étalon au même titre qu'il y a un mètre étalon. Je terminerai néanmoins en apportant une sérieuse restriction à la portée de l'hypothèse de Kripke. En effet, il y a de bonnes raisons de penser que la TCR est vérifiée exclusivement par les noms scientifiques de taxon, c'est-à-dire les noms latins internationaux dont l'usage est réglé par un code de nomenclature. Contrairement à ce que suggère Kripke, il ne me semble pas que la TCR puisse être étendue aux noms de taxon des langues vernaculaires, comme « La Couleuvre rayée de Californie », ni *a fortiori* aux termes d'espèce issus des taxinomies naïves comme « L'Émouchet », précisément parce que l'usage de ces termes n'est pas réglé par un code qui accorde une autorité référentielle au baptême ostensif d'origine. On sait par exemple que le baptême à l'origine de l'usage d'un nom propre ordinaire n'a aucune priorité pour déterminer la référence de ses usages subséquents. Une méprise sur l'identité de l'objet nommé peut toujours survenir et donner lieu à un usage qui est tout d'abord déviant, mais qui, en devenant massif et durable, en vient à se conventionnaliser et à

---

26. La conservation est le principal argument motivant la décision prise par la Commission de désigner un néo-type pour « *T. s. infernalis* » afin de conserver l'usage prédominant. Voir International Commission on Zoological Nomenclature, « Opinion 1961. *Coluber infernalis* Blainville, 1835 and *Eutaenia sirtalis tetraenia* Cope in Yarrow, 1835 (currently *Thamnophis sirtalis infernalis* and *T. s. tetraenia*; Reptilia, Serpentes) : subspecific names conserved by the designation of a neotype for *T. s. infernalis* », art. cit., p. 191-192.

changer la référence du nom. Comme le rappelle Gareth Evans[27], c'est suite à une méprise des navigateurs portugais que le nom « Madagascar » en est venu à désigner l'île connue aujourd'hui sous ce nom alors qu'il désignait avant le XVIᵉ siècle une partie de la côte orientale de l'Afrique. Or ce qui est arrivé au nom « Madagascar » peut se produire pour n'importe quel nom vernaculaire d'espèce : il n'y a rien qui garantisse *a priori* que l'espèce qui porte actuellement le nom soit la même que celle qui était exemplifiée lors du baptême d'origine. En revanche une telle garantie existe dans le cas des noms scientifiques de taxon dans la mesure où leur référence est stabilisée par un code de nomenclature qui accorde une priorité au baptême d'origine. Non seulement nul zoologiste n'est censé ignorer le *Code* mais celui-ci recommande en outre de mentionner l'auteur et la date du baptême après chaque première occurrence d'un nom de taxon dans une publication, par exemple « *Schilbe intermedius* Rüppell 1832 », renvoyant ainsi implicitement au spécimen type originel. De la sorte, tout usage du nom, aussi éloigné soit-il du baptême d'origine, manifeste dans sa forme même l'intention de s'y conformer, et c'est ce caractère vivace de la convention d'origine qui empêche qu'un usage déviant mais devenu prédominant se conventionnalise et change la référence. Les noms scientifiques de taxon jouissent ainsi d'une stabilité référentielle unique parmi les noms, stabilité à laquelle seule une autre convention, prévue par le *Code*, peut mettre fin en désignant un nouveau spécimen type.

Filipe Drapeau Vieira Contim
Université de Rennes, CAPHI EA 7463

■ 27. G. Evans, « The causal theory of names », *Proceedings of the Aristotelian Society*, suppl. vol. 47, 1973, p. 187-2008.

Aux frontières de l'espèce

ENTRE LES LÉGUMES ET LES POISSONS
Des genres naturels en sciences biologiques

Philippe Huneman

La question qu'on nomme aujourd'hui des « genres naturels » en métaphysique porte sur les « jointures » du monde : quelles classes de choses constituent le monde et existent réellement ? Si nominalistes et réalistes s'opposent depuis longtemps sur la possibilité même de répondre à cette question, les sciences modernes proposent des découpages en genres naturels qui contrastent souvent avec l'image naturelle du monde. Cet article se concentre sur les genres naturels en biologie. Après avoir présenté le principe de réponse offert par la biologie évolutive, à savoir la systématique cladistique, j'expose le paradoxe du poisson, puisque « poisson » n'y est pas un nom de classe objectif, et semble donc aussi peu réel que « légume ». Je montre ensuite comment ce paradoxe est abordé différemment par des conceptions réalistes ou pragmatistes des genres naturels, et, en distinguant plusieurs sortes de pragmatismes en fonction des pratiques sociales auxquelles ils réfèrent la vérité des énoncés, je défendrai un pragmatisme modéré quant aux genres naturels en biologie.

On appelle « genre naturel » une classe d'entités telle que l'appartenance à celle-ci des membres de la classe est fondée dans la nature du réel du fait de quelque chose réellement en commun parmi tous ceux-ci. La classe des pommes ou l'or sont des genres naturels parce que « la réalité » décide de l'appartenance d'un individu à une de ces classes ; la classe composée de tous les amateurs du Titien, tous les amateurs des vases Ming, et tous les diplômés de langue basque pris ensemble n'en est pas une, parce que seule ma décision de créer ou nommer cette classe rassemble ces éléments. La philosophie connaît de nombreux concepts de genre naturel, j'ai essayé une caractérisation la plus large possible, mais toutes concernent la question de savoir quels groupements de choses = X (« trucs », ci-après, pour garder un niveau maximal de généralité) sont légitimes. Parfois « légitimité » signifie réalité, et on tombera alors sur la question métaphorique célèbre de Platon : comment découper la nature à ses jointures ? Les genres naturels sont les jointures du monde.

On peut alors distinguer trois questions[1] : (1) ces jointures sont-elles vraiment dans le monde, ou plutôt dans notre tête, notre esprit, notre culture, etc. ? ; et (2) s'il y en a de bonnes ou de mauvaises, qu'est ce qui explique cette distinction ? (Une jointure « réelle » est une espèce de bonne jointure, et requiert une légitimation par la réalité, ou « réaliste ».) Enfin, (3) qu'est-ce qu'une jointure à proprement parler ?

Il ne s'agit pas ici de traiter cette triple question majeure, qui inclut des discussions philosophiques traditionnelles fondamentales telles que la « querelle des universaux », le « réalisme scientifique », le « problème de l'induction », ou la théorie de la référence ; elle a suscité en retour toutes les variantes de réalisme, de pragmatisme ou de nominalisme[2].

Certes, les questions philosophiques diffèrent grandement dans l'histoire et on ne saurait tout réduire à des problèmes métaphysiques éternels différemment formulés au cours des siècles[3]. Ainsi, la manière dont dans *Naming and Necessity* Saul Kripke a relancé la question des genres naturels en soutenant que ceux-ci comme l'or sont des référents de « désignateurs rigides » qui visent quelque référent invariant à travers les mondes possibles (de même qu'« or » vise la structure atomique de nombre 79) fut décisive. De même, l'approche de Goodman[4] sur la robustesse des prédicats comme vert et bleu (versus *grue* et *bleen*, « vleu » et « blert » en traduction), et la part d'arbitraire qui intervient dans la détermination de prédicats projectibles avait lié pour nous les genres naturels à la question de la projectibilité[5] et imposé la discussion de sa solution pragmatiste.

Mais la question kantienne de savoir ce qui justifie la possibilité de concepts empiriques tels que les concepts d'espèce de Linné, développée

---

1. Pour une introduction à la question des genres naturels, voir K. Hawley et A. Bird, « What are natural kinds », *Philosophical kinds* 25, 2011, p. 205-221. M. A. Khalidi (*Natural Categories and Human Kinds : Classification in the Natural and Social Sciences*, Cambridge, Cambridge University Press, 2013) et M. Slater (« Natural Kindness », *British Journal for the Philosophy of Science* 66, 2015, p. 375-411) proposent des solutions systématiques et originales; voir aussi A. Barberousse et *al.* (« Natural Kinds: A New Synthesis », *Theoria* 35, 2020, p. 365-387) et F. Longy (« Do we need two notions of natural kind to account for the history of "jade" ? », *Synthese* 195, 2018, p. 1459-1486), et un échantillon de positions divergentes dans C. Kendig (ed.), *Natural Kinds and Classsification in Scientific Practice*, London, Routledge, 2016.

2. Ces trois familles théoriques sont des réponses générales aux deux premières questions, et chacune de leurs variantes propose une réponse à la question (3). Le nominaliste pense que dans le monde il n'y a que des individus et les jointures sont dans notre esprit, tandis que le réalisme pense qu'elles sont dans le monde. Pour (2) le nominaliste l'explique par des conventions, le réaliste par le recours à la nature du monde. Le pragmatiste rejoint le nominaliste sur (1) et (2) mais souscrit à une théorie sophistiquée des jointures conçues en relation avec les structures de nos pratiques. Pour le pragmatisme et ses variantes voir S. Haack, *Evidence and Inquiry : Towards Reconstruction in Epistemology*, New Jersey, Wiley-Blackwell, 1993.

3. G. Lebrun, « Devenir de la philosophie », dans *Notions de philosophie*, vol. III, Paris, Gallimard, 2008.

4. N. Goodman, *Facts, Fictions and Forecast*, Cambridge, Harvard University Press, 1955.

5. Un prédicat est *projectible* si, lorsque je l'attribue à un individu a d'un genre A, je peux avec raison l'attribuer à A' du même genre.

dans la *Critique de la Faculté de Juger* (en particulier dans les première et seconde Introductions), portait justement déjà sur que nous nommons « genres naturels ». Pour Kant, la possibilité de ces concepts suppose de pouvoir établir semblance et dissemblance – un basset est plus différent d'un chat qu'il ne l'est d'un labrador – ce qui suppose une structure des choses naturelles en arbre ramifié : individus, variétés, espèces, genres, familles, etc. sur le modèle de [basset ; chien ; canidé ; mammifère ; vertébré ; chordé ; etc.]. Cette structure est pour le philosophe criticiste une présupposition transcendantale de toute expérience possible d'un monde ordonné.

Kant lie les genres naturels à la possibilité de faire des inférences – par exemple, une inférence qui irait de mon savoir que mon sapin de Noël s'enflamme sans se consumer, aux propriétés de résistance à la combustion présentées par un autre sapin. C'est ce qu'il appelle l'« analogie intérieure », soit exactement la projectibilité dont parle Goodman, laquelle motivera une autre version du problème humien de l'induction (du particulier au général) – « *the new riddle of induction* », dit Goodman.

Mais Kant, comme Bird[6], sépare la question de l'induction en général, ou en tout cas des lois générales, de celle de la projectibilité des termes de classe, supposément genres naturels. Il explique bien que si la possibilité d'une nature et de ses lois générales, explicitée dans la *Critique de la Raison Pure*, requiert des principes synthétiques *a priori* du mouvement, elle reste compatible avec une absence totale d'« ordre de la nature »[7], soit de classes identifiables de trucs qui seraient chacun régis par des lois empiriques. Or notre expérience nous informe que le monde superpose bien un ordre de la nature à la simple physique, en d'autres termes qu'il y a d'autres sciences que la physique : chimie, histoire naturelle, physiologie au moins, ce que les philosophes après Fodor[8] nomment « sciences spéciales ». Donc il faut rendre compte de la possibilité de cet ordre de la nature, c'est-à-dire de termes de classes et de classes ramifiées.

Dans cet article, je me concentrerai sur les genres naturels en biologie. La question se diffracte en de nombreux problèmes spécifiques, beaucoup d'entre eux concernant le concept d'espèce. Mon texte se concentre sur un point qu'on pourra juger anecdotique.

Puisque la science est réputée nous dire ce qu'il y a dans la nature, elle a une certaine légitimité quant à la désignation des genres naturels. Il est assez clair que les légumes n'ont aucune réalité biologique. Ceux-ci incluent les tomates, les pommes de terre, les avocats, les petits pois, donc biologiquement des tubercules, des fruits, des graines, autrement dit, cette classe recouvre des membres de classes hétérogènes biologiquement définies. Donc « légume » n'a de sens que dans un contexte culinaire : c'est peut-être un « genre naturel » pratique pour le cuisinier, ce n'est aucunement un authentique *natural kind*, malgré ceci que tous les membres de cette classe sont naturels (si je n'entre

■ 6. A. Bird, « The Metaphysics of natural kinds », *Synthese* 195, 2018, p. 1397-1426.
■ 7. Voir P. Huneman, *Métaphysique et biologie. Kant et la constitution du concept d'organisme*, Paris, Kimé, 2008 et P. Kitcher, « Projecting the Order of Nature », *in* R. E. Butts (ed.), *Kant's Philosophy of Physical Science*, Berlin, Springer, 1986, p. 201-235.
■ 8. J. A. Fodor, « Special Sciences », *Synthese* 28, 1974, p. 97-115.

pas dans les détails du mixte nature-artefact que constituent les techniques agricoles de production aujourd'hui).

Mais – et j'expliquerai pourquoi – les biologistes de l'évolution nous expliquent que les poissons n'existent pas non plus. La chose nous semble ici contre-intuitive, et nous aurions tendance à résister, à estimer les poissons plus « réels » que les légumes. Je me demanderai ici dans quelle mesure cette résistance est illusoire, un peu comme celle de qui dirait « je vois le soleil tourner donc en un sens il doit bien tourner », une fois qu'on lui a démontré que la Terre tourne autour du soleil...

Après avoir expliqué ce paradoxe des poissons qui n'existent pas, j'expliciterai les types de solutions philosophiques, dans une gamme qui va du pragmatisme radical au réalisme fort. Le cœur de mon argument sera l'affirmation d'un pluralisme épistémique à l'intérieur des sciences de la vie elles-mêmes, que justifie un pragmatisme modéré. La dernière partie se penchera sur la biologie de la conservation, cette sous-discipline de l'écologie qui pense et organise la préservation de la biodiversité. Ce souci de la diversité implique une importance cruciale de la notion d'espèce ; dans le même temps, une telle science inclut des implications pratiques directes (par exemple la gestion des espaces naturels ou la modération de la fragmentation des habitats). J'exposerai comment le pragmatisme modéré concernant les genres naturels ainsi compris éclaire des problèmes posés par les espèces et plus généralement les genres naturels en biologie de la conservation, et ainsi s'articule à des perspectives pratiques sinon politiques.

Les genres naturels en biologie

La question des genres naturels comporte des aspects spécifiques lorsqu'il s'agit non plus de chimie et des exemples favoris de Kripke, comme l'or, mais de trucs vivants. Car dans ce cas, certaines classes ne sont pas seulement des rassemblements idéels de trucs, comme la classe des pays émetteurs de méthane, la classe des iPhone 13, ou celle des montagnes jeunes – mais chaque truc y entretient un lien causal réel avec d'autres. À savoir : il a pour parent un truc de cette sorte, et, conformément à ce qu'on nomme depuis Ernst Mayr le « concept biologique d'espèce », il est susceptible de se reproduire avec un truc de même sorte en engendrant un autre truc de telle sorte.

Il s'agit, ici en particulier de la classe qu'on appelle « espèce », qui occupe, dans l'arbre kantien, une place intermédiaire entre la variété (comme « basset ») et le genre (comme « canidé »). Cette classe tint un rôle spécifique dans les discussions sur la classification qui ont animé les naturalistes depuis la grande époque de Linné ou John Ray au XVIIIe siècle [9] comme j'y reviendrai. Dans la querelle des universaux centrée sur le monde biologique, certains étaient nominalistes, d'autres conféraient une existence à tous les types de groupement, à toutes les échelles de la classification, mais d'aucuns comme Buffon attribuaient une existence spéciale à l'espèce, malgré la profession de foi nominaliste qu'il énonce ainsi : « en général, plus on augmentera le nombre

■ 9. F. Dagognet, *Le catalogue de la vie, étude méthodologie sur la taxinomie*, Paris, P.U.F., 1970 ; M. Winsor, « Linaeus'biology was not essentialist », *Annals of the Missouri Botanical Garden* 93, 93, 2006, p. 2-7 ; M. Foucault, *Les mots et les choses*, Paris, Gallimard, 1964.

des divisions des productions naturelles, plus on approchera du vrai, puisqu'il n'existe réellement, dans la nature que des individus, et que les genres, les ordres, et les classes, n'existent que dans notre imagination »[10]. Une espèce biologique est donc, pour dire vite, une classe davantage ontologiquement consistante que d'autres.

Mais cette question des genres naturels ne saurait aujourd'hui s'énoncer hors du cadre darwinien puisque comme dit fameusement Dobzhansky, « rien en biologie ne fait sens excepté à la lumière de l'évolution ». Or d'un point de vue darwinien, ce rôle pivot de l'espèce est problématique puisque les espèces sont des anciennes variétés, et certaines sont des futurs genres. Comment, donc, dans cette perspective diachronique transformiste, soutenir que seules les espèces sont réelles, puisque si elles le sont, les genres qu'elles deviendront et les variétés qu'elles furent devraient l'être ?

La question des groupements réels en biologie est de la manière la plus générale résolue dans le cadre d'une interprétation de la classification biologique devenue aujourd'hui dominante qu'on appelle le *cladisme*. Initiée par Willi Hennig, évolutionniste danois[11], la *classification phylogénétique*, comme on l'appelle, fait table rase de tout ce qui n'est pas les relations phylogénétiques entre « taxa », unités taxinomiques (espèces, genre, famille etc.). Pour le comprendre il faut rappeler que Darwin a donné son cadre à la biologie en interprétant les taxonomies pensées à partir de relations de similarité comme des relations historiques. « X est plus proche de Y que de Z » signifie « X a un ancêtre commun avec Y qui n'est pas ancêtre commun de X, Y et Z » et je le noterai $((X, Y), Z)$. À partir de là, la métrique de similarité se convertit immédiatement en arbre. Le cladisme se comprend comme une réaffirmation de ce noyau de sens, après des décennies de théorisations et d'hypothèses sur les rapports entre phylogénie et classification. Hennig entend au fond se débarrasser de nombreuses constructions pour lui inutiles : ainsi, on avait longtemps pensé qu'il existait des « grades adaptatifs » constituant une sorte d'échelle plaquée sur chaque lignage, et dont les barreaux permettraient de comparer le degré d'évolution de taxons de lignages divers. Hennig les élimine, en réduisant la classification aux relations d'ancestralité exprimées dans ces petits arbres (ou « cladogrammes »). Si plusieurs taxons ont en commun un trait – plus précisément un « état de caractère », par exemple une molaire à trois cuspides, le « caractère » étant la molaire – alors ils descendent tous du premier taxon qui présentait cet état de caractère. Un autre taxon plus éloigné sera l'ancêtre de ceux-ci, comme de ceux qui ont un autre état de caractère. Si a et a' sont deux états du caractère A, et si x et y sont a et z est a' alors on aura une distance de proximité $((x, y), z)$. Alors, x, y et z auront un ancêtre commun qui aura le caractère A, tandis que x et y auront un ancêtre commun doté de l'état de caractère a qui ne sera pas ancêtre de z[12]. L'arbre minimal

▥ 10. Buffon, « De la manière d'étudier et de traiter l'histoire naturelle », *Histoire naturelle,* tome I, Paris, Pillot, p. 47-102, p. 80.
▥ 11. W. Hennig, *Phylogenetic Systematics*, Champaign, University of Illinois Press, 1966.
▥ 12. Sur caractères et états de caractères voir V. Barriel, « Caractère », dans T. Heams, P. Huneman, G. Lecointre, M. Silberstein (éd.), *Les mondes darwiniens*, Paris, Matériologiques, 2011 ; sur la classification voir G. Lecointre, « Filiation », dans T. Heams, P. Huneman, G. Lecointre, M. Silberstein (éd.), *Les mondes darwiniens, op. cit.* ; sur la cladistique voir S. Pécaud, *Cladistique et évolution*, Paris, Garnier, 2018.

reconstitué ainsi est un cladogramme. Les caractères communs à tous les dérivés d'un même taxon dont on aura fait l'hypothèse dans un cladogramme sont dits *synapomorphies* (du grec « forme », *morphè*, « avec », *sùn*, et « à partir de », *apo*).

À partir de là, on peut construire un arbre phylogénétique pour un lignage ou plusieurs, avec pour horizon l'Arbre de la Vie. Cet arbre est tel que tous les descendants d'un taxon ancestral ont probablement les caractères de l'ancêtre ; et comme il s'agit d'une relation de descendance, il y a transmission héréditaire, de sorte que tous ces taxons auront des propriétés en commun que n'auront pas d'autres taxons. Deux difficultés cependant :

1) certains états de caractères peuvent se perdre lors du processus d'adaptation par sélection naturelle (d'où l'adverbe « probablement » employé plus haut) ;

2) la sélection naturelle peut brouiller les choses en faisant émerger deux caractères semblables dans des lignées différentes du fait de demandes environnementales identiques. La difficulté (1) s'estompe parce qu'on considère de nombreux caractères pour construire les arbres et qu'une espèce ne peut probablement pas perdre tous ses caractères ; la seconde est abordée plus bas.

Sur cette base, à la question « quels sont les groupes réels en biologie, au sens de "genres naturels", autorisant des projections ? », il faut répondre avec Hennig que ce sont les groupes classificatoires bien formés, soit ce qu'il appelle les *clades monophylétiques* – à savoir, un groupement fait d'un ancêtre et de tous et seulement tous ses descendants. Une telle partition en groupes vérifie à la fois deux clauses : les propriétés des individus ancêtres d'un groupe en tant que ce groupe sont projectibles (a) ; chaque groupe est maximal, autrement dit inclut tous les individus qui ont ces propriétés projectibles en tant que dérivées d'un ancêtre commun (b). Pour (a), les glandes mammaires étant une synapomorphie des mammifères, ce caractère se projette à tous les mammifères en tant que tels ; mais pas à des mammifères en tant qu'ils sont vertébrés. Pour (b), les mammifères incluent toutes les espèces à même ancêtre qui ont des glandes mammaires ; si d'autres espèces que ceux-ci avaient des glandes mammaires alors elles auraient un autre ancêtre commun. Les clades monophylétiques se distinguent des clades dits *paraphylétiques*, pour lesquels on inclut dans un clade des descendants d'un autre ancêtre, ou bien seulement quelques descendants de l'ancêtre commun.

L'ontologie cladiste découple alors l'ordre de la similarité à partir duquel on construisait habituellement les groupes, de l'ordre de l'ancestralité, qui est au principe des groupes ontologiquement réels. Si pour construire les arbres élémentaires on se base certes sur une métrique de similarité des caractères, c'est pour reconstituer les cladogrammes ; mais cette métrique n'est pas forcément au principe des clades entiers, parce que la relation de similarité n'est pas transitive : au fur et à mesure qu'à l'intérieur d'un clade on s'éloigne du premier ancêtre, la similarité peut se perdre, alors que la relation d'ancestralité, est, elle, transitive, et c'est elle qui constitue comme le fil d'un clade.

L'affaire du poisson

Certes, chacun sait que la seule apparence similaire ne suffit pas à rassembler des animaux dans une classe. Pour preuve les dauphins et les requins. On dit souvent aux enfants que si tous deux ont un air de poisson, en réalité le dauphin n'est pas un vrai poisson. Pour ce faire il fallait regarder son intérieur et constater qu'il n'est pas pourvu de branchies mais de poumons. Seulement la biologie plus moderne a compliqué le tableau avec la considération de l'ancestralité, et ultimement les clades monophylétiques.

La thèse ontologique sur les clades monophylétiques comme seuls groupements fondés justifie l'aventure singulière des poissons. Car si l'on reconstruit le clade des supposés poissons conformément aux principes de la cladistique, on s'aperçoit que l'ancêtre des poissons est aussi un ancêtre des primates, puisque le groupe de primates (reconstruit selon l'analyse métrique des caractères et états de caractères) vient en quelque sorte « entre » la plupart des poissons et le groupe des requins et assimilés. Dans ces conditions, il existe seulement deux clades monophylétiques : celui qui comprend tous les descendants de cet ancêtre donc les primates, et celui qui descend du premier ancêtre des supposés poissons qui n'était pas ancêtre des primates, mais il n'inclut pas les requins et quelques autres. Ainsi selon la classification phylogénétique aucun groupe bien formé ne correspond à ce que nous entendons par poisson, et à la définition extensive de ce terme. Au sens strict, si par poisson on réfère à un groupe qui « existe », quelle que soit la signification de ce dernier terme, alors soit le référent est un ensemble de poissons qui ne comprend pas le requin, soit c'est tous les poissons, mais on y adjoint les humains… Il y a deux sens possibles du terme poisson, et deux extensions du concept « être un poisson » selon que l'on prenne l'un ou l'autre, mais aucune ne recouvre l'extension du terme usuel « poisson ».

Ainsi, au sens strict, les poissons n'existent pas [13].

Il y a pourtant quelque chose d'intuitif à dire que les poissons existent davantage que les légumes, autrement dit on admettra facilement que les légumes ne sont qu'une catégorie culinaire mais ne désignent rien dans la réalité, alors que la même attitude est plus difficile à admettre pour les poissons. Que signifie cette résistance et est-elle fondée ?

Telle est la question abordée ici. Elle s'inscrit de manière plus générale sur l'horizon du problème de l'univocité du non-être : parmi ce qui n'existe pas y a-t-il des choses qui existent tout de même « davantage » que d'autres, si ce syntagme veut dire quelque chose [14] ? Le problème est parallèle à celui du non-sens tel que formulé par Wittgenstein. Parmi les exemples de non-sens, on distingue souvent des énoncés du genre « le vert est alors », qui ne veut rien dire car il est syntaxiquement incorrect, et « le vert est athlétique », qui

---

■ 13. On mentionnera que cette phrase est aussi le nom d'un blog sérieux et respecté de biologie évolutive.
■ 14. On sait que l'existence du non-existant est une question métaphysique fondamentale, il suffit de citer ici le *Sophiste*, ou le *Parménide*, et la discussion qui ouvre *On what there is*, de Quine, sur l'être minimal de ce dont on dit qu'il n'existe pas. Mais plus moderne, Meinong constitue probablement une inspiration majeure que l'on redécouvre ces dernières années, et ses *Recherches sur une théorie de l'objet et de la psychologie* de 1904, dont la traduction du chapitre sur le non-être en 1960 fut décisive (A. Meinong, « On the Theory of Objects », *in* R. Chisholm (ed.), Glencoe, Free Press, 1960).

ne veut rien dire pour des raisons sémantiques (une couleur ne fait pas de sport). Le second non-sens nous semble très différent du premier ; or, soutient Wittgenstein, c'est pareil. Soit un énoncé fait sens, soit non, et il n'y a rien entre les deux. Ma question se formule identiquement : soit un genre naturel existe, soit il n'existe pas, et dans ce cas, il n'y a pas de différence entre les prétendus genres naturels non-existants – sauf que notre intuition résiste.

Mais tout aussi généralement, cette question répète le problème formulé par Sellars dans *Empiricism and the Philosophy of Mind* en 1956 : comment articuler « l'image naturelle » du monde, pour laquelle il y a évidemment des

Cuvier, *Dictionnaire des sciences naturelles*, Planche 98
(Source gallica.bnf.fr / Bibliothèque nationale de France)

poissons tandis que les légumes s'avèrent en effet une catégorie facilement dispensable, et « l'image scientifique », selon laquelle il n'y a pas de poissons ? Avant d'éclairer les interprétations possibles de ce paradoxe des poissons, deux remarques : premièrement, la position cladistique sur les bons groupes est à la fois une thèse sur l'ontologie – qu'est ce qui est un groupe biologique réel ? – et une thèse sur la référence : « à quoi fais-je référence quand je dis par exemple "chordés" ? ». Les deux aspects sont traités ensemble dans ce qui suit.

Deuxièmement, la raison qui fait que des trucs appartiennent au même groupement réel renvoie ici à l'histoire, et n'est pas une raison de communauté de propriétés intrinsèques. Certains clades monophylétiques sont plus larges que d'autres qui sont inclus en eux. Ces clades larges incluent des sous-groupes qui peuvent être très différents les uns des autres, même en termes de fonctionnement ; après tout, le clade « mammifère » inclut des animaux à respiration terrestre (souris) comme aquatiques (orques). Il existe à la fois des propriétés communes, qui sont justement ces synapomorphies définissant les clades, et ultimement, base des cladogrammes à trois termes – et des propriétés qui n'appartiennent qu'à un sous-clade du clade, typiquement pour ce qui est de propriétés écologiquement pertinentes. Mais conformément à l'idée évolutionniste elle-même, dans la mesure où les termes biologiques sont fondamentalement historiques, les groupements réels se définissent par rapport à l'histoire. Il est clair que pour la catégorie « légumes » cette référence à une histoire commune manque, même si quelqu'un qui connaît le sens du mot « légume » peut lister l'ensemble des référents.

Dans la section suivante je reconstruirai les positions philosophiques qui peuvent admettre la thèse que les poissons n'existent pas, et celles qui lui donnent un statut moindre que l'affirmation de l'inexistence des légumes.

3. Solutions philosophiques de l'affaire poissons versus légumes

La question des groupes réels en biologie est simplifiée par le cladisme. Les plus petits groupes sont par définition les espèces : tous les individus descendant du premier membre de l'espèce. L'espèce est un clade monophylé-tique, donc elle existe – et on retrouve ici l'idée de base de certains naturalistes du XVIIIᵉ siècle pour qui hors l'individu seules les espèces existent. Mais le cladisme est plus généreux qu'eux en groupes réels puisqu'il autorise des groupes réels de niveau phylogénétique bien différent de celui de l'espèce.

Si l'on est réaliste scientifique, au sens de la thèse selon laquelle la science dit ou a vocation à dire ce qui est dans la réalité et pourquoi ça l'est[15], alors les poissons n'existent pas et pas davantage que les légumes, puisque la science ne leur reconnaît pas de place dans le mobilier du monde. À cela on peut rétorquer que le réalisme scientifique est une thèse métaphysique, non-démontrée scientifiquement même si raisonnable. Un philosophe pragmatiste pourrait alors rétorquer que la science est simplement une opération efficace

■ 15. Sur le réalisme scientifique en général voir A. Chakravarty (*A metaphysics for Scientific Realism : Knowing the Unobservable*, Cambridge, Cambridge University Press, 2007), S. Ruphy (*Pluralismes scientifiques. Enjeux épistémiques et métaphysiques*, Paris, Hermann, 2018).

de mise en ordre des concepts sur le monde, dont le critère de succès renvoie pêle-mêle à la capacité prédictive, à l'efficience de contrôle, aux conséquences technologiques, etc. (Le pragmatisme en philosophie des sciences est une branche du pragmatisme au sens le plus général, c'est-à-dire une conception qui indexe la validité ou la vérité des énoncés aux conséquences qu'ils peuvent avoir pour celui qui y souscrit.)

Une conséquence du pragmatisme est un certain pluralisme : si le projet du collectif X est a, alors la théorie A est valide, ainsi que ses termes de genres naturels ; si c'est le projet b, alors la théorie B et ses termes de genres naturels seront valides.

Les légumes sont un genre naturel dans le projet du cuisinier, et pas dans la science ; les poissons, eux, sont un genre naturel mais ailleurs que dans la biologie évolutive. Par exemple, en géographie, ou en anthropologie, lorsque l'on inventorie les poissons d'une région et étudie les nomenclatures des peuples qui les pêchent [16].

La question de l'existence des poissons et des légumes se règle donc selon l'adhésion au réalisme ou au pragmatisme. Dans le premier cas, aucun des deux n'existe ; dans le second, poissons et légumes existent également.

Certes ; mais l'affaire se complique dès lors qu'on remarque que le terme « poisson » est bien utile ailleurs que dans la biologie évolutive, mais toujours au-dedans des sciences. En écologie fonctionnelle, science des transformations des écosystèmes en fonction des transports de flux d'énergie, de matière et d'information et dans laquelle les espèces sont des acteurs majeurs, on parle très légitimement de « poissons » parce qu'on examine leurs rôles dans la persistance et les transformations des écosystèmes, comme leur action dans le traitement des flux d'azote et de nutriments, dans le renouvellement de certaines propriétés ; on les répartit entre benthiques et pélagiques, chaque sous-classe performant des rôles particuliers, on les positionne dans des généralisations de réseaux trophiques, etc. En bref, il semble difficile de faire sans les poissons en écologie fonctionnelle. Et là est le point : l'écologie est une science et non, comme la cuisine, une pratique. Elle est traversée par une visée de vérité, quelque statut qu'on lui donne.

En ce sens, il n'y a pas que le pragmatisme radical pour lequel les poissons existent. Philosophiquement, une forme de *pragmatisme modéré* pourrait s'articuler ainsi : la science a un privilège pour dire ce qui est, et ainsi, reconnaître les termes de genres naturels. Mais on doit s'accorder un pluralisme minimal, car il existe plusieurs sciences et toutes ne reconnaissent ou n'emploient pas les mêmes genres naturels. Ainsi, de façon pragmatiste on dira que les poissons n'existent pas en systématique, mais qu'ils existent

---

■ 16. Le pragmatisme n'est pas seulement une option de philosophe des sciences. Ainsi l'anthropologue Ph. Descola y souscrit lorsqu'il écrit que le monde « est composé de processus, d'entités, de phénomènes, qui peuvent être saisis soit d'un point de vue soit de l'autre, sans que l'un d'eux soit exclusif. Un végétal peut être analysé du point de vue de sa structure génétique, de sa composition moléculaire ou des conditions écologiques de son développement, lesquelles sont relativement stables et donc dotées d'un degré élevé de généralité ; il peut aussi être analysé du point de vue des usages que l'on en fait ou des valeurs auxquelles il est associé, qui sont très variables, donc relatives. Ce n'est pas le même objet qui a changé de statut, ce sont les régimes de connaissance nécessairement différents qu'on lui applique. » (Ph. Descola, *L'écologie des autres. L'anthropologie et la question de la nature*, Versailles, Quae, 2011, p. 92).

pour l'écologue. Cela justifie l'intuition que les poissons existent « davantage » que les légumes.

Cette position s'accorde avec des orientations majeures de la philosophie des sciences contemporaines : le pluralisme [17], et la « *philosophy of science in practice* » nouvellement initiée, pour laquelle les affirmations sur ce qui est doivent avant tout être confrontées à la pratique même des sciences (rôles inférentiels, attributions de propriétés par l'expérience etc.) plutôt qu'à leurs théories déjà faites.

En arguant que des termes comme poissons sont justifiés au sens où ils saisissent quelque chose de la réalité, mais ne sont pas la seule manière de la saisir, le pragmatisme modéré implique forcément un nominalisme, minimal, au sens où la référence des termes généraux comme « poisson » ne saurait exister de la même manière que la référence des termes d'individu (« Nemo »). Car cette dernière ne relève pas d'une pratique scientifique donnée. Nous avons donc, en développant cette position, une conjonction entre le pragmatisme et un certain nominalisme. De fait, le pragmatisme (de toutes sortes) s'oppose au réalisme scientifique comme le nominalisme s'oppose au réalisme des référents de termes généraux, puisque pour le pragmatisme les termes généraux ont moins d'unicité que les termes d'individus (donc n'ont pas de référent robuste).

Avons-nous alors sauvé les poissons? Pas si simple.

Car ce pragmatisme modéré est en quelque sorte instable. Aujourd'hui nous avons un certain état des disciplines scientifiques : écologie fonctionnelle, des communautés, des populations, des écosystèmes, écologie comportementale, à côté d'une biologie évolutive, une génétique, une systématique, plus récemment une paléogénomique, une métabolomique, une épigénomique etc. Mais le paysage des disciplines est mouvant; et chaque nouvelle discipline est une nouvelle pratique scientifique. Il semble plausible que cette diffraction poursuivie indéfiniment nous expose à une inflation incontrôlée de genres naturels, avec à la limite cette idée que tout terme de genre naturel aura un jour sa validité dans une discipline donnée. L'irréalisme n'est pas loin sous le pragmatisme modéré, lequel s'avère dangereusement instable.

Une manière de se sortir de cette difficulté consiste alors à discriminer entre les sciences : certaines peuvent avoir une *autorité* sur d'autres, lorsque leurs objets sont coextensifs. Concernant Nemo (de *Finding Nemo*) et ses amis, personne ne s'offusquera de donner une autorité de ce type à l'écologie par rapport à l'économie de l'agriculture, au sens où, de fait, les genres naturels sont probablement mieux appréhendés par une écologie que par cette économie. L'héraldique – une science pratiquée comme *hobby* par une petite frange de nos contemporains, à l'égal de la généalogie – s'occupe de lions et de crabes certes; mais il est indéniable que l'écologie et la biologie sont plus autorisées que l'héraldique à parler de lions et de crabes, et discerner les genres naturels dans les mondes du lion et du crabe.

■ 17. Voir l'école dite de Stanford, en particulier J. Dupré (*The disorder of Things : Metaphysical Foundations of the Desunity of Science*, Cambridge, Harvard University Press, 1993) et N. Cartwright (*The Dappled World : A Study of the Boundaries of Science*, Cambridge, Cambridge University Press, 1999) et le perspectivisme de M. Massimi (« Realism, perspectivism, and disagreement in science », *Synthese* 19, 2019, p. 6115-6141).

Mais généraliser cette approche au cas qui nous occupe demeure problématique. Car dès qu'on introduit l'autorité épistémique, alors certaines disciplines semblent en devancer d'autres assez naturellement : ce qu'est une espèce, il faut le demander davantage à la biologie évolutive (en particulier à la systématique) qu'à l'écologie. Car l'écologie suppose les espèces, et s'interroge ensuite sur leur coexistence possible (question de la biodiversité, centrale pour l'écologie dite des communautés), sur la stabilité de cette coexistence (en écologie fonctionnelle), ou sur la régulation de leurs effectifs (question majeure de l'écologie dite des populations). Seule la biologie évolutive nous dit ce que sont les espèces, au double sens de comment elles émergent (question de la spéciation), et de comment elles se différencient les unes des autres (question de l'Arbre de la Vie, ou pour certains du Réseau du vivant).

Par capillarité, l'ensemble des rangs de la systématique sont justifiables d'une telle approche. Mais si la biologie évolutive a autorité sur l'écologie fonctionnelle ou des communautés, alors notre pragmatisme modéré se fragilise et nous sommes quasiment ramenés au réalisme initial. *Bye* les poissons, qui retournent aux légumes[18].

Des raisons du pragmatisme modéré

Mais revenons à nos poissons.

Sans aller jusqu'à l'écologie théorique, à l'intérieur même de la biologie évolutive dont on reconnaîtrait le caractère autoritaire sur ce qui a vie, on doit souligner une autre nuance. La classification, ici égalée à la cladistique, est certes la manière dont les systématiciens identifient les choses. Mais l'identification n'est pas si simple.

Pour des parties, des gènes ou des organes d'êtres vivants, les biologistes de l'évolution distinguent deux manières d'être le même : l'aile d'oiseau est la même que l'aile de papillon (une aile) ; ma main est la même que la nageoire du dauphin (l'extrémité du membre supérieur d'un vertébré tétrapode). Dans le premier cas, même fonction et structure assez proche quoique dissemblable dans le détail, dans le second cas même structure mais fonction différente. On appelait le premier cas homologie[19] ; le second, analogie. Darwin a réinterprété les homologies comme descendance commune – ma main et

18. Par ailleurs, le pragmatisme modéré appliqué à la question des poissons indique une problématique très générale, patente en physique : en effet, doit-on reconnaître à certaines disciplines *de la physique* une autorité épistémique sur les autres ? C'est exactement ce qui était en jeu avec les débats sur l'émergence à l'intérieur de la physique tels qu'ils ont eu lieu il y a une vingtaine d'années et se déploient encore – en particulier avec les articles de Laughlin (voir R. Laughlin, *A Different Universes : Reinventing Physics from the Bottom Down*, New York, Basic Books, 2005) et de P. W. Anderson (« More is Different: Broken Symmetry and the Nature of the Hierarchical Structure of Science », *Science* 177, 1972, p. 393-396). Si les physiques de la matière condensée ou des états mésoscopiques, ou la thermodynamique ont leur autorité épistémique propre, alors il existe des termes de substances ou de genres naturels parfaitement justifiés sans besoin de les ramener à des termes de physique fondamentale (ou « quantique », ou « physique de particules »). Inversement, si on pense que certaines disciplines ont une autorité légitime pour dire le réel, la physique fondamentale – comme son nom l'indique – se lèvera immédiatement pour réclamer son dû. Et la négation de l'autorité épistémique des non-physique-quantique revient à affirmer un certain réductionnisme, alors que son assertion constitue une prise de position en faveur de l'émergentisme, tel que justement le revendiquaient Anderson, Laughlin et bien d'autres (e. g. R. Batterman, *Devil in the details*, Oxford, Oxford University Press, 2001). On voit facilement cet exemple de la physique comment la question du réalisme se noue à celle de l'émergentisme.

19. Voir S. Schmitt, *Histoire d'une question anatomique : la répétition des parties*, Paris, Muséum d'Histoire Naturelle, 2004 pour une analyse d'épistémologie historique de l'homologie.

la nageoire du dauphin descendent toutes du premier tétrapode dont elles ont gardé la structure – et les analogies comme convergence de pressions de sélection (car il n'y a pas cinquante manières de fabriquer un appendice qui fait voler…)[20].

La classification cladistique, dont le principe est la descendance, ne fait pas acception des analogies, qui pour le classificateur sont comme du bruit, lequel risque de les induire en erreur. Mais qui souhaite faire de « aile » ou de « nageoire » un terme de genre naturel doit souscrire à un principe d'identification par les analogies : A est identique à B s'ils sont analogues, et leur définition se tire de ce pour quoi ils ont été sélectionnés (donc leur fonction[21]). Ici aussi, on peut alors répéter le mouvement précédent : beaucoup diraient que la « vraie » identification est celle basée sur l'homologie[22]. Un premier argument dans ce sens s'appuie sur la phylogénétique moderne, qui est au moins en partie moléculaire. Les homologies s'y établissent par des métriques de similarité qui portent sur les génomes ; et du point de vue génomique seule la relation de descendance commune, impliquant des homologues (plutôt appelés des orthologues), permet de parler d'une identité. À la différence du point de vue morphologique, le point de vue génomique ne permet souvent pas de « voir » les identités fondées sur une similarité de fonction, de sorte que celles-ci apparaissent secondaires par rapport aux identités établies par l'homologie. Ainsi, à l'intérieur de la biologie évolutive, pour distinguer des vraies classes de parties du vivant les disciplines centrées sur l'homologie auraient un privilège par rapport aux disciplines centrées sur la fonction.

La systématique (à méthodologie le plus souvent cladistique) aurait donc un primat épistémique sur l'aspect fonctionnel, lequel est lui aussi objet de biologie évolutive – en particulier pour la discipline qu'on appelle écologie comportementale, qui étudie les traits des organismes et les ramène à leur valeur sélective[23]. Mais la systématique a-t-elle vraiment une autorité épistémique sur l'écologie comportementale ? Difficile à admettre toutefois pour quelqu'un qui n'est pas lui-même un praticien de la systématique.

Ainsi, du dedans de la biologie évolutive elle-même nous avons cette tension entre un pragmatisme modéré, qui reconnaîtrait deux manières de produire des termes généraux identifiables, et un réalisme fondé sur une attribution d'autorité épistémique intra-biologique qui attribuerait à la systématique le pouvoir de détecter ces termes généraux ontologiquement fondés.

Mais ce clivage en redouble un autre qu'il me faut expliciter. Il concerne la manière de comprendre un terme.

■ 20. G. Lecointre et P. Huneman, « Que signifie "se ressembler" en biologie ? », *Philosophia Scientiae* 24, 2020, p. 75-98.
■ 21. *Cf.* R. Millikan, « In defense of proper functions », *Philosophy of Science* 56, 1989, p. 288-302 et P. Huneman (ed.), *Functions : selection and mechanisms*, Dordrecht, Springer, 2013, « Introduction ».
■ 22. P. Griffiths, « Function, homology and character individuation », *Philosophy of Science* 73, 2006, p. 1-25 *versus* K; Neander, « Types of Traits : The Importance of Functional Homologues », *in* A. Ariew, R. C. Cummins, M. Perlman (eds.), *Functions : New Essays in the Philosophy of Psychology and Biology*, Oxford, Oxford university Press, 2002, p. 390-412.
■ 23. J. R. Krebs et N. Davies, *Behavioral Ecology : An Evolutionary Approach*, London, Blackwell, 1995 ; H. K. Reeve, P. Sherman, « Adaptation and the goals of evolutionary research », The *Quaterly Review of Biology* 68, 1993, p. 1-32.

On peut insister sur le fait qu'un terme « X » *réfère* à X, et ensuite se demander comment *comprendre* X, selon les lignes d'un débat assez balisé, renouvelé par la théorie de la référence directe de Kripke[24].

Mais on peut aussi insister sur le fait qu'un concept permet des inférences, par exemple « électron » a un rôle très précis dans la compréhension de la dynamique des liaisons chimiques comme de celle de la structure du noyau atomique. Et ainsi, sur cette base, on peut caractériser le concept par son rôle inférentiel. On notera qu'ici le fait que les propriétés du référent du terme peuvent être complètement conventionnelles n'est pas un problème. Par exemple la charge de l'électron est dite négative, mais si on la disait positive cela ne changerait rien, il suffirait d'inverser tous les signes ; et non seulement la convention fait de – *e* et non *e* la charge de l'électron, mais plus profondément encore, c'est en réalité les signes – et + qu'on définit par rapport à l'électron, plutôt que de lui attribuer des propriétés qui seraient définies par ailleurs, comme le sont « vert » ou « catholique anglican ».

En ce sens, si selon la première approche on considère les termes comme essentiellement référentiels, alors semble s'imposer la notion d'autorité épistémique d'une sous-discipline, physique quantique ou systématique biologique, respectivement en physique et en biologie évolutive. Pour toutes sortes de raisons épistémologiques, il est très difficile de penser que la référence d'un terme est dépendante de l'emploi du terme lui-même, la vérifiabilité des énoncés utilisant ce terme n'étant pas la moindre. Si en revanche on se place du côté de la sémantique du rôle inférentiel, alors le pragmatisme modéré semble tenable, puisque l'approche pragmatique consiste précisément à interroger les justifications des inférences dans un projet épistémique donné. Pratiques scientifiques différentes donc grammaires inférentielles différentes, et termes de genres naturels différents, mais compatibles. Les poissons existent *et* n'existent pas, mais on n'est pas dans le cas du chat de Schrödinger : plutôt dans le cas trivial de la logique aristotélicienne où X est *a* et *non-a* en même temps mais pas sous le même rapport.

Une fois qu'on a ainsi sauvé les poissons, on peut passer à la science qui entend sauver les animaux et même les vivants, à savoir la biologie de la conservation, laquelle se débat aussi sur un plan fondationnel avec des questions de termes de genres naturels.

Espèces et genres naturels dans la biologie de la conservation

La biologie de la conservation est une variante de l'écologie des communautés, science qui étudie les raisons, les formes et les effets de la diversité des espèces dans les écosystèmes. Une communauté est un ensemble d'espèces en interaction, dont le statut ontologique est largement discuté[25] depuis les temps héroïques où, selon la légende enseignée, Frederick Clements pensait les communautés comme des organismes pourvus d'un métabolisme, dont

---

24. S. Kripke, *Naming and Necessity*, Oxford, Oxford University Press, 1977.
25. K. Sterelny, « Logical Ecological Communities », *Philosophy of Science* 73, 2006, p. 215-231 ; P. Huneman, « Individuality as a Theoretical Scheme. II. About the Weak Individuality of Organisms and Ecosystems », *Biological Theory* 9, 2014, p. 374-381.

les espèces sont des parties, tandis que Henri Gleason, son contradicteur, les voyait comme une accumulation d'espèces venues là par hasard[26].

Si je souscris à ce pragmatisme modéré que j'essayais de défendre dans la section précédente, j'attribue à la discipline dite biologie de la conservation une capacité à reconnaître certains genres naturels, tout de même que je la reconnais aux différentes branches de l'écologie. Philosophiquement toutefois, la biologie de la conservation pose, quant aux genres naturels, un problème spécifique dû à sa manière originale de lier le théorique au pratique, le factuel au normatif. Dans le reste de cet article, j'expliciterai cette position normative particulière, puis l'importance cruciale du concept d'espèce en biologie de la conservation, avant d'envisager les conséquences qu'aurait sur cette science le pragmatisme modéré dès qu'il s'agit de *taxa* supérieurs à celui de l'espèce.

La biologie de la conservation, comme la médecine, est en effet une science orientée par une valeur : sur la base des connaissances qu'elle produit, il s'agit de conserver maximalement la diversité. Michael Soulé écrit ainsi dans un article séminal : « La biologie de la conservation, nouvelle étape dans l'application de la science à la conservation, s'intéresse à la biologie des espèces, des communautés et des écosystèmes perturbés directement ou indirectement par les activités humaines ou d'autres agents. Son objectif est de fournir des principes et des outils pour préserver la diversité biologique. [...] les normes éthiques font partie intégrante de la biologie de la conservation, comme c'est le cas dans toutes les disciplines orientées vers une mission ou une crise »[27]. Il initia cette discipline comme une réponse à l'érosion de la biodiversité que les écologues constataient depuis les années 1960 et même auparavant[28]. Quels sont les principaux facteurs qui la menacent : fragmentation des habitats, pesticides, changement climatique, pollution, déforestation, extraction ? Globalement, mais surtout localement ? Et comment remédier ou empêcher cela ? Telles sont les questions qui structurent cette discipline.

La catégorie d'espèce joue alors un rôle crucial en biologie de la conservation, bien davantage que les familles ou les ordres. Car la biodiversité spécifique est centrale dans la définition même de la biodiversité. Si les indices de biodiversité sont multiples (Shannon, Gini, alpha, bêta et gamma diversité, etc.[29]), et si les mesures de la diversité condensées par ces indices sont elles aussi multiples, reste que la diversité comme telle, qui peut être aussi bien diversité génétique que diversité des écosystèmes, est avant tout liée à l'espèce : l'évaluer signifie au départ compter les espèces. Ensuite, on tempérera cette *species richness* par des considérations sur la *species eveness*

■ 26. Pour un compte rendu plus exact, lire C. H. Eliot, « Method and Metaphysics in Clements's and Gleason's Ecological Explanations », *Studies in History and Philosophy of Science Part C* 38, p. 85-109.
■ 27. M. E. Soulé, « What is Conservation Biology ? », *BioScience* 35, p. 727 (je souligne et je traduis).
■ 28. Et pour une vision d'ensemble de la *Conservation Biology* voir V. Maris et V Devictor, « La biologie de la conservation – de la théorie à la pratique et retour », dans T. Hoquet et F. Merlin (éd.), *Précis de philosophie de la biologie*, Paris, Vuibert, 2015, p. 135-149.
■ 29. Voir F. Gosselin, « Diversité du vivant et crise d'extinction : des ambiguïtés persistantes », dans E. Casetta et J. Delord (éd.), *La biodiversité en questions*, Paris, Matériologiques, 2014, p. 119-138, pour les indices de biodiversité.

(l'homogénéité des effectifs) ou bien les caractères fonctionnels des espèces (*nutrients cyclers*, producteurs primaires, décomposeurs, etc.) [30].

En outre, comme indiqué d'entrée de jeu, sous une hypothèse de reproduction sexuée, l'espèce est la seule catégorie taxinomique dotée immédiatement d'un aspect réaliste du fait de sa connexion avec la réalité causale de la reproduction. Le « concept biologique d'espèce » de Mayr est assez vite adopté en biologie de la conservation.

Au sens strict, les poissons n'existent pas.

Certes, le concept d'espèce [31] est problématique depuis longtemps, si on le considère d'un point de vue épistémique plutôt que pratique. Outre les espèces sans reproduction sexuée pour lesquels on compte conventionnellement l'appartenance à une même espèce comme un partage de 70 % du génome au minimum, il existe des espèces qui pourtant s'hybrident, ou bien des espèces dont seules des sous-espèces sont interfertiles...

Or en biologie de la conservation l'évaluation de la diversité, dont le cœur est la *species richness*, dépendra du concept adopté. Casetta [32] montre comment selon le concept d'espèce adopté, la mesure de diversité sur un territoire variera en effet du simple au triple. Or comment conserver la biodiversité si je ne dispose pas d'une mesure univoque de son état et donc de sa dégradation ou de son maintien ?

D'autre part, certains philosophes ont avancé l'idée qu'ontologiquement une espèce n'est pas une classe, comme une famille ou une équipe de football, mais un individu, doté d'un début (spéciation) et d'une fin (extinction) historiques, d'une localisation propre, et de parties qui sont les individus conspécifiques [33]. Dans ces conditions la biologie de la conservation doit se concevoir comme entreprise de maximiser la durabilité d'individus.

Toutefois, si les groupes qui existent vraiment en biologie sont les clades monophylétiques, on peut aussi s'interroger sur leur rôle en biologie de la conservation. Cette interrogation se reflète dans l'usage de la notion de « diversité phylogénétique ». Celle-ci est maximale quand on maximise la représentation des représentants de « vrais groupes » donc de clades différents. On conçoit alors comment l'introduction du clade comme genre naturel peut entrer en conflit avec une biologie de la conservation centrée sur les espèces, quel que soit le concept d'espèce favorisé.

Si l'on souscrit au pragmatisme modéré introduit plus haut, soutenu par une approche des concepts en termes de rôles inférentiels, alors la biologie

---

30. Sur l'idée de biodiversité comme espace conceptuel hyperdimensionnel plutôt que comme concept, voir P. Huneman, « Between explanans and explanandum: biodiversity and the theoretical unity of ecology », *in* E. Casetta et D. Vecchi (eds.), *Biodiversity. Beyond the Species Approach*, Dordrecht, Springer, 2019, p 269-296.

31. Par exemple, A. Nicoglou, « Essence », dans J. Gayon, A. Nicoglou, G. Pontarotti *et al.*, *L'identité. Dictionnaire encyclopédique*, Paris, Gallimard, 2020 ; T. Reydon, « Species in three and four dimensions », *Synthese* 164, 2008, p. 161-184.

32. E. Casetta et J. Delord, *La biodiversité en question*, Paris, Matériologiques, 2014, p. 13-28.

33. D. Hull, « A Matter of Individuality », *Philosophy of Science* 45, 1978, p. 335-360.

de la conservation se retrouve dans une situation complexe parce que les genres naturels qu'elle traite seront de plusieurs ordres.

Dans l'hypothèse soutenue ici, les groupes réels pour la biologie de la conservation sont non seulement les espèces et les clades, mais aussi les groupements justifiés par le rôle inférentiel qu'ils jouent dans l'écologie. Cela signifie plusieurs choses.

D'une part, les différences fonctionnelles qui amènent à considérer deux espèces comme fonctionnellement distinctes ou fonctionnellement équivalentes, par exemple par leur profil de connexion dans le réseau trophique de la communauté[34] ou le réseau d'interactions écologiques[35], doivent servir à caractériser des groupements réels.

D'autre part, la diversité qui est l'enjeu de la conservation doit s'apprécier à l'aune des genres naturels en jeu dans une communauté. S'il y a n espèces et deux clades de rang supérieur, il y aura moins de diversité que s'il y a quatre tels clades et n + p espèces.

Ces deux clauses tirent les conséquences de ce que la biologie de la conservation se trouve au croisement de l'écologie fonctionnelle, où il s'agit de comprendre les conditions de persistance et de productivité des écosystèmes (la notion de « service écosystémique » étant une approche spécifique de ce dernier point, mais pas la seule et pas exempte de critiques[36]) – et de la biologie évolutive, puisque les communautés sont en évolution et l'objet du conservationniste est précisément d'identifier une gamme de trajectoires évolutives possibles pour les communautés d'intérêt et les espèces qui le composent, spontanément ou en réponse à des interventions.

La diversité en elle-même doit donc être pensée au-delà de la diversité spécifique, quel que soit le concept d'espèce envisagé. Elle inclut la diversité des clades et la diversité fonctionnelle et exige d'être conçue, au croisement de l'écologie et de l'évolution, comme un composé de ces trois dimensions, dont il n'existe pas de formule générale, mais que la biologie de la conservation doit déterminer au cas par cas.

Car la diversité fonctionnelle est un bon indicateur de fonctionnement de l'écosystème ; et la diversité phylogénétique est, elle, une bonne assurance de la constance de la diversité au cours du changement environnemental, puisque les variations exprimées par une diversité de clades supérieurs (au-delà de l'espèce) sont plus larges que les variations purement spécifiques. Elles ont donc de plus amples perspectives de recel de ressources d'une évolution future de l'écosystème en réponse à des perturbations anthropiques ou, plus généralement, au changement climatique.

En ce sens, si les légumes n'ont rien à faire en biologie de la conservation, les poissons, malgré leur inexistence au sens strict dans la systématique,

■ 34. S. L. Pimm, *The balance of Nature ? Ecological Issues in the conservation of species and communities*, Chicago, University of Chicago Press, 1993.
■ 35. S. Kéfi, V. Miele, E. A. Wieters, S. A. Navarrete, E. L. Berlow, « How Structured is the Entangled Bank ? The surprisingly simple organization of multiplex ecological networks leads to increased persistence and resilience », *PLoS Biology* 14, 2016.
■ 36. *Cf.* V. Maris, *Nature à vendre : Les limites des services écosystémiques*, Versailles, Quae, 2014.

ont leur place dans les réflexions sur la conservation des milieux marins, puisqu'ils ont indéniablement une place en écologie.

Conclusion

J'ai présenté dans cet article des réflexions ontologiques et épistémologiques sur les genres naturels dont l'ancestralité dans la tradition philosophique n'est pas à prouver, mais qui furent renouvelées par les approches de Kripke, Goodman et d'autres au siècle précédent, et qui rencontrent des difficultés spécifiques lorsque l'on considère la biologie, pourtant ressource première pour la réflexion sur les espèces naturelles.

Il s'agissait avant tout de montrer comment une instance du problème de Wilfrid Sellars – la conciliation de l'image du monde naturelle et de l'image scientifique – pouvait passer par une interrogation sur le pragmatisme scientifique et l'autorité épistémique de disciplines dans un champ donné, comme la systématique en biologie. Si l'on souscrit aux arguments suggérés ici pour un pragmatisme modéré, dont la stabilité n'est toutefois pas irrécusable, alors on peut concilier la meilleure biologie avec notre image naturelle, où les poissons ont toujours une petite place au fond de l'eau.

Cette réflexion sur le pragmatisme modéré permet alors d'éclairer certaines questions en biologie de la conservation. Au croisement de la biologie évolutive et de l'écologie, parce qu'au croisement de l'intelligence du fonctionnement d'écosystèmes et du questionnement diachronique sur les chances d'évoluer, les conservationnistes doivent hériter de plusieurs modes d'individuation des genres naturels. Pour des raisons pragmatiques – soit une sorte de pragmatisme local basé sur le pragmatisme modéré initial –, la manière de modéliser la biodiversité et ses ressources de résilience et robustesse devra se laisser lire à partir de problématiques locales et en fonction d'agendas spécifiques (management, restauration, services écosystémiques, etc.). On aboutit donc à ce paradoxe que la biologie de la conservation, qui sonne « conservateur » au sens où il semblerait qu'intuitivement elle veuille conserver le plus d'espèces possibles vues comme indépendantes de nous, renvoie en réalité à une construction des genres naturels comme groupements réels fondée sur l'articulation de plusieurs strates conceptuelles.

Philippe Huneman
IHPST (CNRS/Université Paris I Panthéon Sorbonne)

Camille Noûs [37]
Laboratoire Cogitamus, France

■ 37. Camille Noûs incarne la contribution de la communauté aux travaux de recherche, sous la forme d'une signature collective. Cette co-signature revendique le caractère collaboratif et ouvert de la création, de la probation et de la diffusion des savoirs, sous le contrôle de la communauté académique. Camille Noûs est membre du laboratoire Cogitamus, multidisciplinaire, interdisciplinaire et transdisciplinaire par essence.

Aux frontières de l'espèce

ESSENCES, ESPÈCES ET QUALITÉS
Notes sur l'anthropologie et les animaux

Jean-Baptiste Eczet

L'anthropologie ne cesse aujourd'hui de déconstruire les processus d'essentialisation de divers groupes sociaux dans une visée critique et politique. À la suite du tournant ontologique, certains travaux entendent désormais dépasser, dans une visée inclusive, les distinctions d'essences et les typologies d'espèces pour décrire le *continuum* des *agency* entre des existants que la modernité aurait séparés. Mais ces approches d'inspiration animiste, et que je nomme la nouvelle métaphysique en anthropologie, n'exploitent qu'une modalité possible de la relation homme-animal. À l'aune de certaines pratiques Mursi, une population agro-pastorale du sud-ouest éthiopien, je présente donc une autre modalité de la relation homme-animal, agençant de manière originale les espèces humaines et bovines : bien que partageant une essence commune, il n'y a pas d'extension anthropomorphe de la subjectivité, et les bovins ne sont pas des sujets équivalents en morale ou en droit.

L'anthropologie entretient une relation délicate avec la notion d'essence. Ses propres conditions d'émergence y sont pour beaucoup : relais de l'évolutionnisme social comme en témoignent les travaux des premiers anthropologues [1], fille du colonialisme dont elle a nourri l'exotisme et certaines formes de domination, compagne des théories raciales notamment par sa proximité initiale avec la biologie physique, l'anthropologie savante a d'abord légitimé une anthropologie naïve qui, en plus de considérer l'Homme comme un stade ultime de l'évolution animale, distinguait hiérarchiquement des humanités par le truchement de

---

1. Les plus célèbres étant James Frazer, Lewis H. Morgan et Edward B. Tylor.

la race[2]. Mais l'anthropologie, fondée sur la description ethnographique et conditionnée par la réflexivité conceptuelle, produit aussi les conditions d'émancipation de ses origines douteuses, au point d'être aujourd'hui parmi les plus utiles ressources pour lutter contre des préjugés essentialisant des personnes, des genres, des sexualités, des communautés d'appartenance ou même des collectifs seulement constitués par un regard extérieur au moyen de quelques critères phénotypiques comme la couleur de peau, ou toutes sortes d'assimilations d'un vécu à des caractères intrinsèques, sur lesquels s'appuient souvent des régimes politiques aux pratiques inégalitaires, hiérarchiques, excluantes et même criminelles.

Aujourd'hui, l'anthropologie adopte par défaut un régime explicatif à l'opposé de l'essentialisme, en ne tentant pas de trouver des propriétés nécessaires aux choses et aux personnes, c'est-à-dire indépendantes de la façon dont nous les désignons ou nous les concevons, mais en décrivant au contraire les moyens par lesquels la vie sociale est le produit d'interactions, de conjonctures historiques ou de relations systémiques entre des pratiques. Les deux faces de la question des essences, à savoir l'essence de l'Homme et comment l'Homme pense les essences, sont ainsi, respectivement, reléguées à d'autres disciplines ou considérées comme des constructions sociales néfastes que les sciences sociales en général souhaitent justement déconstruire.

Cet article soutient un double argument. Je montrerai dans un premier temps qu'un des mouvements de l'anthropologie contemporaine concernant les espèces repose, suivant une éthique inclusive, sur la réduction des écarts entre certains existants, notamment humain et animal, par l'adoption d'un point de vue d'inspiration animiste. Ces néo-animismes, dont on verra qu'ils consistent en une métaphysique anthropologique visant à déployer nouvellement des mondes relationnels fondés sur des continuités morales en critique auxdites ruptures interespèces de la modernité, ne sont toutefois qu'une des modalités d'attachements de certains modèles théoriques et de cas empiriques localisés. C'est ainsi que, dans un second temps, je montrerai qu'une autre modalité, que l'on pourrait nommer « totémique » pour la situer typologiquement, repose sur une autre répartition des similitudes et des catégories distinguantes. Dans l'exemple du pastoralisme des Mursi du Sud-ouest éthiopien, je montrerai comment des espèces aussi différenciées que les humains et les bovins sont pensées comme relevant de principes communs tenant lieu d'essence. Mais dans ce cas, il n'y a point d'extension d'une moralité anthropomorphe à une autre espèce dans une visée d'égalisation des conditions subjectives. Les bovins, qui sont au centre de l'attention et des pratiques d'identification des personnes, ne sont pas des interlocuteurs, sont à la disposition des humains et sont massivement tués ; essence commune et communauté d'existence ne créant pas forcément égalité des statuts en droit et respect mutuel en fait.

■ 2. Le lecteur se rapportera aussi à W. Stoczkowski (*Anthropologie naïve, Anthropologie savante. De l'origine de l'Homme, de l'imagination et des idées reçues*, Paris, CNRS Éditions, 1994) qui démontre à quel point l'anthropologie savante s'appuie sur un socle de croyances, mythes et réflexions spontanées pour penser l'origine de l'Homme.

Essences et anthropologie

Un des objectifs des recherches sur l'Homme, en philosophie comme en (paléo)anthropologie, fut de trouver dans quelques traits distinctifs la particularité de l'espèce humaine vis-à-vis du monde animal, comme par exemple le langage articulé, le rire, la maîtrise du feu, la capacité d'abstraction ou la moralité. Cette recherche de l'anthropogénèse aboutissant à l'Homme contemporain est aussi ce qui a favorisé la proximité de l'anthropologie avec l'histoire longue et la préhistoire, malgré des biais téléologiques. Dans une démarche, au contraire, de mise en correspondance synchronique de pratiques, Lévi-Strauss prônait de faire l'inventaire des mondes moraux par la multiplication des cas ethnographiques afin d'accéder, au moyen de la synthèse et du comparatisme anthropologique, à des invariants de l'esprit humain sans nécessaires origines à situer dans l'évolution. Fondée sur l'analyse de certains corpus tirés de la vie sociale (mythes et parenté [3]), cette approche fut taxée de positivisme illusoire par la critique postmoderne, et les travaux contemporains qui s'inspirent du structuralisme ne proposent aujourd'hui que tangentiellement un accès au cœur cognitif de l'homme [4].

Les sciences cognitives qui prennent leur essor à la fin des années 1980 captèrent toutefois l'attention de quelques anthropologues de terrain qui s'y convertirent. Celles-ci développent des propositions anthropologiques à partir des conditions cognitives que les cerveaux humains, vecteurs inévitables de toute vie sociale, ont développées au cours de leur évolution organique. La psychologie cognitive qui dialogue avec l'anthropologie est surtout celle dite « évolutionnaire » et plus particulièrement « modulaire », c'est-à-dire qui envisage le cerveau comme composé de modules contenant des savoirs préexistant à l'apprentissage, eux-mêmes développés dans le cadre d'une évolution darwinienne dont le résultat est, par la sélection de traits adaptatifs avantageux pour perdurer et se reproduire, une optimisation de certaines fonctions. Ainsi, nous aurions hérité de l'histoire évolutive de notre espèce des capacités de connaissances et d'interprétation du monde outillant l'esprit d'une « psychologie naïve » [5], d'une « physique naïve », d'une « biologie naïve »,

---

■ 3. C. Lévi-Strauss, *Les structures élémentaires de la parenté* (Paris, P.U.F., 1949) répondait, dans une démarche comparative, à la question de l'origine (pratique, mais pas forcément historique) de l'inceste entendu comme un des universaux des pratiques humaines que Lévi-Strauss interpréta comme un truchement social entraînant l'échange de femmes à l'origine d'alliances entre groupes sociaux. Les 4 tomes des *Mythologiques* analysent les discours mythiques comme des récits divisibles en mythèmes (une unité narrative contenant actions et acteurs) et leurs transformations faites notamment d'inversion entre les différentes versions des mythes, témoignant selon l'auteur de l'activité cognitive organisant la mise en signification du monde. Des études multi-thématiques font l'objet des deux volumes d'*Anthropologie structurale* (Paris, Plon, 1958, 1973). *La pensée sauvage* (Paris, Plon, 1962) reste l'ouvrage voulant le plus directement rendre compte de mécanismes universaux de la pensée.

■ 4. Par exemple, Ph. Descola (*Par-delà nature et culture*, Paris, Gallimard, 2005) fait reposer son modèle des 4 ontologies sur une constitution du sujet fait d'une intériorité et d'une extériorité en s'appuyant sur des constantes ethnographiques et des études cognitives, sans que sa thèse ne soit en elle-même une proposition cognitive.

■ 5. L'adjectif le plus employé en anglais est « folk » (comme dans *folk psychology*). Les traductions françaises et les différentes interprétations utilisent tantôt « naïf », « populaire » ou « intuitif ». P. Boyer (*Religion Explained : The Evolutionary Origins of religious Thought*, New York, Basic Books, 2001) a, par exemple, fondé sa théorie de la religion sur la saillance et la transmissibilité de certaines idées, dont le caractère contre-intuitif vis-à-vis de ces modules entraîne une considération particulière participant d'un succès culturel (comme le fait que les êtres associés aux religions soient invisibles, traversent des murs, etc., et donc contreviennent aux attentes de notre physique intuitive).

etc., et, notamment, d'une capacité d'essentialisation[6]. Un des avantages serait d'assurer une économie cognitive en évitant la saturation du cerveau par des informations non-synthétisées dans des catégories et des savoirs préexistants, faute desquelles le monde serait constitué d'autant de singularités conceptuelles qu'il y a de singularités phénoménologiques.

La capacité à concevoir des prototypes d'espèces à la source des taxinomies est le produit, pour Francisco Gil-White[7], d'une capacité ciblant initialement le monde animal qui se serait ensuite portée sur l'espèce humaine, à partir de la caractérisation de signes observables – couleurs de peau ou usages ornementaux : les groupes d'humains formant ethnies seraient essentialisés à la manière de ce que l'esprit avait développé pour penser les animaux[8]. D'autres, comme Laurence Hirschfeld, ne mobilisent pas ce détour chronologique à l'échelle de l'évolution par les animaux, et proposent une capacité de type « sociologie naïve », essentialisant les groupes humains à partir de l'observation d'attributs physiques ou contextuels pérennes[9]. De nombreuses critiques peuvent se porter sur ces propositions, notamment contre la description des optimisations cognitives qui mobilisent une vie sociale du paléolithique qui nous est largement inconnue et donc construite sur des stéréotypes du présent, amenant l'anthropologie sociale à délaisser ce type d'approches.

Poser la question des essences rappelle donc dangereusement l'attitude essentialiste que l'anthropologie, et plus particulièrement l'anthropologie critique, ne veut plus. Aujourd'hui, les invariants de l'esprit humain ne sont plus au centre du programme anthropologique, et les disciplines les plus connexes de nombre de travaux ne sont plus la philosophie ni l'histoire longue, mais les sciences politiques qui visent à rendre compte de situations dans leur singularité à partir des rapports de pouvoir. Outre le « relativisme culturel » qui incite à l'égalisation du jugement sur la diversité des usages du monde observés, c'est la « construction sociale » et la « fabrique du » qui est devenue le cadrage par défaut de la discipline. Tout au plus mobilise-t-on un « matérialisme vide »[10] qui concède qu'une réalité décrite par les sciences naturelles existe bel et bien, mais qu'elle n'est pas le propos des sciences sociales.

Espèces et anthropologie

Les classifications et les catégorisations des phénomènes naturels ont toujours été une des activités humaines les plus emblématiques de la tension entre l'universalité des mécanismes cognitifs et le relativisme des ordonnancements du monde selon des sensibilités culturelles différentes, comme en témoignent par exemple les débats sur la nature de la couleur et de ses classifications, dans la philosophie, l'art et les sciences sociales à leur

6. *Cf.* S. A. Gelman, *The Essential Child : Origins of Essentialism in Everyday Thought*, Oxford-New York, Oxford University Press, 2003.

7. *Cf.* F. J. Gil-White, « The cognition of ethnicity: Native category systems under the field experimental microscope », *Field Methods* 14, 2002.

8. Je remercie Emmanuel de Vienne pour la référence de Gil-White qu'il a porté à ma connaissance.

9. *Cf.* L. Hirschfeld, « On a Folk Theory of Society: Children, Evolution, and Mental Representations of Social Groups », *Personality and Social Psychology Review*, vol. 5, n°2, 2001, p. 107-117.

10. Voir D. Sperber, *La contagion des idées*, Paris, Odile Jacob, 1996.

début [11]. En effet, autant la catégorisation de faits institutionnels et moraux peut être jugée comme trop dépendante des variations locales que les différentes communautés humaines produisent pour en tirer des conclusions sur une cognition universelle, autant la perception visuelle (comme les couleurs) et les conditions environnementales (comme l'existence inévitable d'une faune et d'une flore) sont censées contraindre les possibles et permettre de mieux saisir les écarts culturels à partir d'un donné partagé.

Un des plus célèbres anthropologues cognitifs spécialistes des taxinomies est sans doute Brent Berlin dont les travaux portent justement tantôt sur les couleurs [12], tantôt sur les animaux. Comme pour les couleurs, B. Berlin [13] s'appuie sur des études extensives sur questionnaires et propose que les taxinomies animales, malgré leur variété, contiennent inévitablement un minimum de 6 niveaux taxinomiques (du règne à la subdivision variétale), du fait d'une évidence perceptive qui enjoindrait l'esprit humain à les reconnaître. À cette proposition déjà sujette à critique, s'ajoute une difficulté rencontrée par l'ethnobiologie en général. Chaque espèce générique (le niveau taxinomique correspondant à l'identification spontanée de type cheval, antilope, etc.) peut voir sa catégorie justifiée par différents mécanismes, notamment les deux suivants : soit l'appartenance à une classe est justifiée par la présence d'attributs, soit l'appartenance à une classe est justifiée par la reconnaissance d'une similitude de comportement ou d'apparence envers un prototype. En revanche, les modalités d'appartenance aux autres niveaux taxinomiques (par exemple, le « végétal » pour le règne, ou le « lion de l'Atlas » pour la variété), de même que l'existence du classement hiérarchique global, c'est-à-dire le principe même de la taxinomie et sa forme spécifique, ne sont quant à eux pas justifiés. En d'autres termes, si un niveau taxinomique entretient des catégories se fondant sur des mécanismes cognitifs contraints, respectivement qualitatifs et essentialistes, d'autres niveaux leur échappent, qui ne peuvent alors se comprendre qu'à la connaissance des symbolismes et des contenus encyclopédiques localisés.

C'est pourquoi l'ethnobiologie et les « études animales » en sciences sociales n'ont pas entretenu de rapports aussi soutenus qu'il semblerait possible, et je ne rappellerai qu'à grands traits certains moments analytiques en reprenant la chronologie établie pour l'histoire par Pierre-Olivier Dittmar [14], qui

11. Par exemple Goethe, Constable ou les expéditions dans le détroit de Torres. Voir A. Dubois, J.-B. Eczet, A. Grand-Clément et C. Ribeyrol (éd.), *Arcs-en-ciel et couleurs*, Paris, CNRS Éditions, 2018.

12. Voir B. Berlin et P. Kay (*Basic color terms : their universality and evolution*, Berkeley, University of California Press, 1969). Voir aussi A. Surrales (« On contrastive perception and ineffability: assessing sensory experience without colour terms in an Amazonian society », *Journal of the Royal Anthropological Institute*, vol. 22, n°4, 2016, p. 962-979 ; « Chromatic Conversations in Candoshi », *L'Homme* 230, 2019, p. 105-116) et J.-B. Eczet (« Ceci n'est pas une couleur », *L'Homme* 230, 2019, p. 117-132) pour une relance récente du débat. La critique de Berlin repose, pour le premier, sur le fait que les Kandoshi d'Amazonie brésilienne n'ont pas de termes de couleurs, tandis que j'avance que les termes de couleurs sont des outils de communication abstraits et génériques décrivant mal les perceptions, et non des transpositions linguistiques directes de données sensibles.

13. Voir B. Berlin, *Ethnobiological classification : principles of categorization of plants and animals in traditional societies*. Princeton, Princeton University Press, 1992.

14. Voir P. O. Dittmar, « Penser une anthropologie historique du vivant », dans J. Lamy et R. Roy (éd.), *Pour une anthropologie historique de la nature*, Rennes, P.U.R., 2019, p. 57-71.

résonne avec les analyses qui se sont succédé en anthropologie[15]. Ce dernier distingue une période au tournant des années 1980 lors de laquelle l'histoire économique dominait la question animale, car les animaux étaient compris dans les attributs d'une « exploitation matérielle de l'environnement ». La multiplication des ouvrages de Michel Pastoureau dans les années 1990 est quant à elle le témoin d'une « exploitation symbolique de l'animal », qui précède la période contemporaine déterminée, elle, par ledit « tournant ontologique » que je nommerai « exploitation ontologique des attachements ». On reconnaîtra, pour l'anthropologie, ce qui relève, respectivement, des études en écologie matérialiste puis en développement, des études symbolistes, puis des études visant à quitter le point de vue exclusivement anthropocentrique et fondées sur une réévaluation morale des animaux avec, d'une part, les travaux d'inspiration militante contre l'exploitation animale[16], et, d'autre part, les nouvelles interprétations des philosophies et des praxis indigènes rompant avec l'idée d'une nature séparée des éléments culturels[17], le tout trouvant des formulations d'inclusion politique et de reconnaissance juridique avec les notions de « cosmopolitique », de « diplomatie » et de « parlement des choses », chez des auteurs tels que Stengers[18] et Latour[19]. Ces travaux convergent tous vers une considération des non-humains en tant qu'acteurs participant autant à la vie écologique des milieux qu'à la vie sociale des collectifs humains, c'est-à-dire à l'édification de *polities* communes, sans réduire les animaux aux extrêmes de l'expressivité (le symbolisme) ou des conditions matérielles (la subsistance).

Quant aux espèces naturelles qui sont à la source des réévaluations ontologiques dans les travaux les plus récents se réclamant des auteurs cités précédemment, on s'appuie soit sur des entités non-artefactuelles comme les forêts[20] ou les icebergs[21], ou sur des espèces sauvages et plutôt nobles, souvent en cohérence avec les bestiaires hérités des symbolismes médiévaux, en privilégiant les superprédateurs, comme le loup[22], l'ours[23] ou le requin[24]. Les avatars les plus récents dudit tournant ontologique considèrent en effet davantage les prédateurs (ou des non-humains peu ou pas anthropisés) qui sont mobilisés pour des arguments moins sociologiques qu'existentiels. Il s'agit, dans ces travaux, de repenser un « rapport au vivant » *en général* entre humains et non-humains, mais pas des rapports de classes ou de genre puisqu'il semble présupposé qu'une égalité ontologique vaut pour

■ 15. Je remercie Silvia Sebastiani de m'avoir indiqué ce texte qu'elle mentionne dans S. Sebastiani, « Ce que les animaux font au genre », *Clio. Femmes, Genre, Histoire* 55, 2022.

■ 16. Cf. P. Singer, *Animal Liberation : A New Ethics for Our Treatment of Animals*, New York, Harper Collins, 1975.

■ 17. Voir Ph. Descola, *La nature domestique. Symbolisme et praxis dans l'écologie des Achuar*, Paris, Maison des sciences de l'Homme, 1986 ; Ph. Descola, *Par-delà nature et culture, op. cit.* ; E. Viveiros de Castro, *From the Enemy's Point of View : Humanity and Divinity in an Amazonian Society*, Chicago, University of Chicago Press, 1992.

■ 18. I. Stengers, *Cosmopolitiques*, Paris, La Découverte, 2022.

■ 19. B. Latour, *Nous n'avons jamais été modernes. Essai d'anthropologie symétrique*, Paris, La Découverte, 1991.

■ 20. E. Kohn, *Comment pensent les forêts. Vers une anthropologie au-delà de l'humain*, trad. fr. G. Delaplace, Bruxelles, Zones sensibles, 2017 ; B. Morizot et A. O. Mantovani, *S'enforester*, Paris, D'une rive à l'autre, 2022.

■ 21. O. Remaud, *Penser comme un iceberg*, Arles, Actes Sud, 2020.

■ 22. B. Morizot, *Les Diplomates : cohabiter avec les loups sur une autre carte du vivant*, Marseille, Wildproject, 2016.

■ 23. N. Martin, *Croire aux fauves*, Paris, Gallimard, 2019.

■ 24. F. Sarano, *Au nom des requins*, Arles, Actes Sud, 2022.

égalité sociologique. Au contraire, les animaux de troupeaux ou de rente, le plus souvent domestiques, continuent, notamment depuis les travaux de Haudricourt faisant le parallèle entre formes politiques et relation au vivant[25], d'alimenter des études plus classiques portant sur les formes de sociétés, la coopération productive et les techniques, comme en témoignent les travaux de Jean-Pierre Digard ou de Carole Ferret, ou encore la constance des contributions concernant le pastoralisme africain. En d'autres termes, on envisage les animaux domestiques pour tester les socialités humaines et les grands prédateurs pour tester les limites de l'humanité, comme si l'humanité ne s'éprouvait qu'à l'extérieur du monde anthropisé. On pourrait tout aussi bien questionner la spécificité de l'humanité avec les animaux qui nous sont les plus proches, comme le fait Harraway[26], ou avec lesquels le quotidien est partagé parfois jusqu'à l'intime[27], ou encore avec des animaux dont les fonctions cognitives supérieures sont absentes, alors que leur présence accompagne de longue date nombre de sociétés humaines, comme par exemple les moustiques[28]. Dans ce dernier cas, des études existent, mais les analyses faisant la part belle à l'intersubjectivité laissent la place à des études privilégiant la description de réseaux transnationaux et des phénomènes sociaux propres à la mondialisation et à la globalisation capitaliste, comme avec ces animaux et ces non-humains à la lisière du sauvage et du domestique, qu'ils soient oiseaux dont les espèces migratrices et d'élevages sont en contact[29], ou champignons poussant exclusivement dans des niches écologiques déséquilibrées par les activités humaines[30].

Métaphysiques animales

Bien avant l'« ethnographie multi-espèces », la « zooethnographie » ou encore la « cosmographie » (qualification donnée par Paravel et Castaing-Taylor à leur propre film *Leviathan*, 2012), d'autres auteurs avaient déjà envisagé la possibilité d'une ethnographie non-anthropocentrique dans laquelle les animaux ne sont pas qu'un décor environnant les sociétés humaines, notamment dans le fameux *The American Beaver and His Works*[31] de Lewis Henry Morgan où l'auteur décrit le savoir acquis des castors et sa transmission dans la construction des barrages, comparant l'ingéniosité animale et humaine, et prônant en conséquence une reconnaissance des droits animaux en vertu de leur intelligence. De manière tout à fait différente, Gregory Bateson, dont l'approche cybernétique reconnaît des unités du réel hors de la dichotomie sujet/objet, rompit avec l'essentialisme de l'esprit humain et animal au moyen

25. A.-G. Haudricourt, « Domestication des animaux, culture des plantes et traitement d'autrui », *L'Homme* 2, 1962, p. 40-50.

26. D. Harraway, *When species meet*, Minneapolis, University of Minnesota Press, 2008.

27. On notera, avec S. della Bernardina (« Amours sans frontières : Nouveaux horizons de la zoophilie à l'époque de la libération animale », *Anthropologie et Sociétés* 39, 2015, p. 103-120), la zone d'ombre entourant l'érotisme, la proximité physique et la sexualité interespèce qui n'a pas fait l'objet d'études dédiées de la part des *animal studies*.

28. Les moustiques ont fait l'objet d'un ouvrage, mais seulement en tant que traces à suivre afin de décrire des réseaux mondialisés. Voir E. Orsenna et I. Saint Aubin, *Géopolitique du moustique*, Paris, Fayard, 2017.

29. Voir F. Keck, *Les Sentinelles des pandémies. Chasseurs de virus et observateurs d'oiseaux aux frontières de la Chine*, Bruxelles, Zones sensibles, 2020.

30. Voir A. Tsing, *The Mushroom at the End of the World : On the Possibility of Life in Capitalist Ruins*, Princeton, Princeton University Press, 2015.

31. L. H. Morgan, *The American Beaver and His Works*, Philadelphia, J.B. Lippincott & Co., 1868.

d'études de cas portant notamment sur le jeu ainsi que sur la communication interespèce entre humains et dauphins[32]. Comme le rappelle aussi Alaina Lemon, « Tolstoy est connu pour des passages qui placent le lecteur dans l'esprit d'un animal et condamne les coups qui lui sont portés »[33], cet auteur étant publié en 1889 par un journal anglais (*The Vegetarian*) « avant même que le jeune Gandhi ne corresponde avec l'écrivain au sujet de la résistance passive »[34]. Les débats sur les relations morales entre humains et animaux dans la Russie impériale puis communiste, visant à savoir si le soin attentionné aux animaux menait au même type de soin entre humains ou seulement à une loyauté spécifique, continuent de résonner dans les débats scientifiques et au-delà.

Mais la littérature qui émerge aujourd'hui de la part d'auteurs, tantôt philosophes, anthropologues ou écrivains, qui proposent notamment des expériences de pensée en prenant des points de vue non-humains, ne s'appuie pas sur ces précédents. En anthropologie, on passe d'études « sur » l'animisme (comme manière de penser et de faire dont le chercheur tente de rendre compte dans un langage scientifique, c'est-à-dire partageable au-delà de sa subjectivité) à des études d'inspiration animiste (comme manière de faire et de penser que le chercheur emploie comme moyen d'enquête grâce au partage d'une sensibilité subjective avec ses enquêtés, tant humains que non-humains)[35]. D'une manière générale, ces approches hyperbolisent le sujet, car le monde tel qu'elles le décrivent est surtout composé de relation de sujet à sujet, et les auteurs se positionnent comme les tenants d'une haute sensibilité ou d'un surplus de tact, voire de raffinement[36], tel que présenté chez Morizot[37] ou Macé[38].

Ces enquêtes ne transposent en effet que très peu les standards de l'investigation ethnographique des sociétés humaines, faites habituellement de l'acquisition d'une langue, d'entretiens en langue vernaculaire, de collectes systématiques (relations de parenté, production agricole et produit cynégétique, etc.) au moyen d'une immersion de longue durée dans un tissu de relations sociales aboutissant notamment à l'apprentissage partiel d'usages qui permet au chercheur des inférences analogues aux enquêtés. Face à l'impossibilité de l'enquête ethnologique conventionnelle reposant sur une homologie fondamentale enquêteurs/enquêtés qui reconfigure le

---

32. Voir G. Bateson, *Steps to an Ecology of Mind*, San Francisco, Chandler Publishing Company, 1972 et *Mind and nature. A necessary unity*, Boston, Dutton, 1979.

33. A. Lemon, « MetroDogs: the Heart in the Machine », Journal of the Royal Anthropological Institute 12, 2015, p. 660-679, p. 670-671 pour la citation (je traduis).

34. *Ibid.*

35. C'est dans cette distinction que réside un des points de désaccord entre Descola et Ingold, ce dernier reprochant à Descola de décrire l'animisme dans les termes de l'ontologie scientifique, tandis que lui-même prône des expériences de pensée animistes devant s'énoncer dans un langage propre (voir T. Ingold, *The Perception of the Environment. Essays in Livehood, Dwelling and Skill*. London-New York, Routledge, 2000 ; et la réponse de Ph. Descola, *Par-delà nature et culture, op. cit.*, p. 342-352).

36. Julien Bonhomme (communication personnelle 2022) m'a proposé une définition de l'animisme quelque peu critique, mais décrivant l'effet possible de distinction (voir P. Bourdieu, *La distinction. Critique sociale du jugement*, Paris, Minuit, 1969) dans cette manière de concevoir la subjectivité généralisée qui nécessiterait des compétences sensibles augmentées sans conscience sociologique nécessaire : « animisme : supplément d'âme à destination de la bourgeoisie ».

37. B. Morizot, *Manières d'être vivant: enquêtes sur la vie à travers nous*, Arles, Actes Sud, 2020.

38. M. Macé, *Une pluie d'oiseaux*, Paris, Corti, 2022.

difficile exercice de « ventriloquie » propre à l'anthropologie[39], les recherches auprès des non-humains empruntent diverses voies, aux limites des pratiques scientifiques reposant sur la description de faits mis en série : soit en s'inspirant de pratiques indigènes comme le chamanisme qui ont élaboré de longue date des dispositifs de communications inter-espèces au moyen d'expériences hors du commun comme les rêves[40], soit en chargeant les descriptions de métaphores afin de produire un « récit » alternatif (des procédés rhétoriques constants chez Latour, Morizot ou Martin) permettant une redescription visant l'établissement de nouvelles « *narratives* », une pratique propre aux *cultural studies* qui prend l'objet de sa recherche comme un fait social sur lequel il faut intervenir en le qualifiant nouvellement[41]. Dans tous les cas, ces travaux mélangent des faits empiriques (tirés d'ethnographies) et des contenus modaux (des *a-prioris* relationnels à partir desquels décrire nouvellement) portés sur ces animaux, comme chez Despret[42], au profit de certaines extrapolations analytiques, équivalents des « mondes possibles »[43] et autres vérifications par le raisonnement de la métaphysique en philosophie. Ainsi, si la métaphysique en philosophie consiste à élaborer des réflexions rationnelles sans vérifications empiriques, et à distribuer ce qui est possible, nécessaire ou contingent dans l'existence des êtres ou des choses, alors l'anthropologie a sa propre métaphysique aujourd'hui, largement orientée vers l'étude des animaux (ou des « non-humains » en général[44]).

Rien d'original à ma proposition de voir dans ces travaux la métaphysique du moment en anthropologie, puisqu'un des plus pionniers du tournant ontologique reconnaît cet exercice avec son célèbre *Métaphysiques cannibales*[45], dans la collection elle-même nommée « MétaphysiqueS » des Presses Universitaires de France. D'une manière générale, les travaux qui s'en inspirent font de l'abolition de la frontière humains/non-humains leur objectif analytique et ne s'engagent donc pas dans une réflexion sur les particularismes d'une espèce, et encore moins de son essence, puisque les identités des espèces sont parfois relatives, et puisque l'extension d'une moralité anthropomorphe à ces non-humains est la norme, aboutissant à quelque chose de partagé, qui n'est donc pas une essence, mais une *condition*. La métaphysique de ces études animales procède donc par un mouvement inverse que les taxinomies d'espèces dont l'ethnobiologie procède au décryptage, car elle doit surtout permettre la possible réunification des êtres : non plus la recherche d'une

▧ 39. Voir A. Appadurai, « Place and voice in anthropological anthropology », *Cultural theory* 3-1, 1988.
▧ 40. Voir N. Martin, *À l'Est des rêves. Réponses Even aux crises systémiques*, Paris, La Découverte, 2022.
▧ 41. Très honnête, B. Morizot (B. Morizot et A. O. Mantovani, *S'enforester, op. cit.*) mentionne un séjour de 10 jours dans la forêt de Bialowieza en Pologne qui fait l'objet d'un ouvrage co-signé avec une photographe (A. O. Mantovani) et dont le propos, selon l'auteur, n'est pas tant un texte sur la forêt en soi que sa rencontre avec une forêt primaire, lui permettant de déployer une réflexion personnelle sur la forêt comme milieu originel.
▧ 42. V. Despret, *Autobiographie d'un poulpe et autres récits d'anticipation*, Arles, Actes Sud, 2021.
▧ 43. S. Kripke, *La logique des noms propres*, trad. fr. P. Jacob et F. Recanati, Paris, Minuit, 1982.
▧ 44. L'expression « non-humains », malheureuse en ce qu'elle définit par la négative et à partir de la position centrale des humains, vise néanmoins à préciser une catégorie très vaste et variable d'entités désignées ainsi pour ne pas être classifiées *a priori* dans une catégorie (animale ou esprit par exemple) et pour, de ce fait, pouvoir inclure des « choses » ne se définissant pas par un statut de sujet (un être) versus un statut d'objet (un artefact). Nommés « actants » dans la théorie de l'acteur-réseau de Callon et Latour, ils possèdent des capacités d'agir et de faire agir, sans forcément être des acteurs intentionnels.
▧ 45. E. Viveiros de Castro, *Métaphysiques cannibales. Lignes d'anthropologie post-structurale*, Paris, P.U.F., 2009.

essence physico-morale ou d'attributs caractérisants et propices à distinction, mais celle d'une capacité intentionnelle et cognitive partagée, propre à accrocher celle des humains dans des interdépendances. En d'autres termes, ces recherches n'ont pas pour vocation à décrire des mises en ordre fondées sur des différences organisées phylogénétiquement (comme dans le naturalisme propre à la modernité scientifique), mais à reconnaître que ces êtres sont dotés d'une intentionnalité produisant des collectifs hybrides fondée sur des interdépendances. Comme dans l'épistémologie morale de l'anthropologie de manière générale, la différenciation a laissé place à l'*inclusion*, et les typologies des essences ont laissé place au *continuum* des *agency*. Les multiples entités composant le monde (souvent employé au pluriel, *les mondes*, pour le distinguer du monde-décor du naturalisme) sont diluées dans la catégorie généreuse du « vivant », elle-même caractérisée par une emphase de connexion entre ces parties devenues moins distinctes qu'en contexte moderne, amenant certains auteurs à évoquer, voire à prophétiser [46], le retour contemporain du « temps du mythe » [47], c'est-à-dire un état d'avant la spéciation, fait d'indistinctions et de métamorphoses, comme dans les récits mythiques de genèses présents dans les cultures de ce que Descola appelle l'archipel animiste.

L'adoption d'un tel régime analytique n'est pas seulement une critique de l'anthropologie conventionnelle, mais de la démarche scientifique elle-même. Jusqu'à présent, une forme courante de critique de la domination coloniale que pouvait exercer l'anthropologie, domination qui s'appuyait d'abord sans vergogne sur une distinction des capacités mentales et culturelles des différents peuples face aux civilisations dites avancées, puis sur l'application de concepts et d'échelles de valeur venant du monde moderne sur des situations (ou des « cultures ») qui ne pouvaient être correctement décrites par ces moyens inadaptés, fut de trouver les prémisses ou l'existence même de la science dans des mondes qualifiés de « préscientifiques ». Que ce soit, par exemple, Lévi-Strauss [48] ou Robin Horton [49], des travaux voulaient en effet montrer que la science était déjà présente dans différents systèmes de pensée auxquels il fallait rendre leur dignité, nommé « pensée sauvage » par le premier, accompagné de la notion de « bricolage », ou « matrice de pensée » par le second, et qui voyaient dans les religions africaines des systèmes d'explication, de prédiction et de contrôle disposant de stocks de concepts explicatifs que sont les dieux et les esprits, et dans lesquels seule manque une plus grande réflexivité et non un manque d'esprit expérimental pour obtenir le « rendement cognitif supérieur » de la science. Mais c'est désormais un autre mouvement que les approches néo-animistes revendiquent, qui « détrône la science en la

---

46. Ces auteurs ne veulent évidemment pas être assimilés à des prophètes, dans le sens de prédiction de l'avenir, mais emploient tout de même certaines formulations ambiguës à la manière du *Laudato si* (Encyclique du pape Benoît XVI) enjoignant à une morale présente pour l'établissement pratique d'un futur meilleur : « Ceci n'est pas une prédiction ni une prophétie : c'est un futur tellement proche qu'il est le présent, mais le présent en tant qu'il est la matrice de l'à-venir. Le présent en tant qu'il est ce qu'il faut travailler ».

47. Voir B. Morizot et N. Martin, « Retour du temps du mythe. Sur un destin commun des animistes et des naturalistes face au changement climatique à l'Anthropocène », https://issue-journal.ch/focus-posts/baptiste-morizot-et-nastassja-martin-retour-du-temps-du-mythe-2/, 2018.

48. C. Lévi-Strauss, *La pensée sauvage, op. cit.*

49. R. Horton, « African Traditional Thought and Western Science », *Africa : Journal of the International African Institute* 37, 1967.

faisant n'être qu'un chapitre spécifique d'une ontologie spécifique qui existe parmi un large panel d'ontologies différentes qui ont toute la même valeur. La symétrie est le nom de ce jeu »[50].

Ce mouvement tend ainsi à se présenter comme un dépassement de la démarche scientifique classique, ce que la position relativiste de la symétrie empêche pourtant *a priori*. Pour ce faire, ces travaux exploitent le contraste le plus grand entre deux modes ontologiques parmi ceux décrits par Descola[51], à savoir le *naturalisme*, propre à l'Occident moderne, et l'*animisme*, particulièrement mis en œuvre au sein des populations amazoniennes et de l'aire circumpolaire. Dans le modèle de Descola, chaque ontologie se définit par des combinatoires différentes pour reconnaître entre les existants des rapports de continuité ou de discontinuité à partir de leur intériorité ou de leur physicalité. Ainsi, dans une ontologie naturaliste, les existants sont en rapport de continuité par leur physicalité qui, malgré les différences immenses du présent (les différents corps), sont pensés comme reliés par une histoire évolutive commune que les taxinomies phylogénétiques mettent en graphiques. Leur intériorité, âme ou esprit, est en revanche distincte, soit que les seuls humains en possèdent, soit que seuls les humains en possèdent une avec des attributs moraux et spirituels qui marquent une discontinuité incommensurable, autant dire essentielle. Dans le modèle animiste au contraire, humains et non-humains ne sont pas moralement disjoints, mais possèdent des capacités intentionnelles et relationnelles équivalentes et largement anthropomorphes. Le dialogue interespèce est seulement rendu compliqué par une communication pleinement efficace entre les seuls membres d'une même espèce, notamment parce que c'est au niveau de la physicalité que les différences d'espèces sont irréductibles à des principes communs et sont au contraire construites par un travail actif différenciant, pour ne pas dire « culturel ». Ainsi, les jaguars interagissent entre eux comme des humains, et se voient d'ailleurs comme tel, selon l'argument perspectiviste d'Eduardo Viveiros de Castro[52], mais c'est en revêtant les habits de l'espèce (incluant tant les pelages que les ornements corporels) que les collectifs se différencient.

C'est évidemment ce type de théorie ontologique, concomitante des travaux de chercheurs déjà cités comme Latour, Stengers ou Viveiros de Castro, qui fournit un support à ces nouvelles études animales et des non-humains qui débordent aujourd'hui très largement le champ académique en infiltrant peu à peu le champ militant et politique[53]. Mais si les propositions néo-animistes, c'est-à-dire les tentatives de conversion animiste de la recherche qu'a provoquées le tournant ontologique, permettent d'extrapoler des solutions relationnelles préférables à certains égards à l'exploitation excessive des écosystèmes fondée, elle, sur un modèle naturaliste, elle n'est qu'un des moyens par lequel produire

■ 50. L. Costa et C. Fausto, « The Return of the Animists: Recent Studies of Amazonian Ontologies », *Religion and Society* 1, 2010, p. 94.
■ 51. Ph. Descola, *Par-delà nature et culture*, op. cit.
■ 52. E. Viveiros de Castro, « Cosmological Deixis and Amerindian Perspectivism », *The Journal of the Royal Anthropological Institute*, 1998.
■ 53. Il faut évidemment citer l'autre source de légitimation de ces approches qu'est la reconnaissance ces dernières années par des États de la personnalité juridique de certains non-humains, comme la Pacha Mama en Équateur ou le fleuve Whanganui en Nouvelle-Zélande.

des ruptures de paradigmes, car elle n'est que l'exploitation par la métaphysique anthropologique de certaines portions de modèles théoriques. À la connaissance des modèles théoriques complets (comme celui de Descola qui distingue quatre ontologies) et des formes empiriques (difficilement quantifiables en entités discrètes, mais dont la littérature ethnologique fournit un large échantillon), nous pouvons sans risque faire l'hypothèse que d'autres formes de relation homme-animal ont cours. Si l'animisme est mobilisé pour une critique frontale du naturalisme avec lequel il s'oppose terme à terme, de larges portions de l'humanité ne sont pas considérées dans ce dualisme.

> **Les invariants de l'esprit humain ne sont plus au centre du programme anthropologique**

L'ethnographie révèle en effet des configurations singulières de la relation homme/animal qui n'ont que peu à voir avec les travaux précités. Dans le cas des Mursi, une population agro-pastorale du sud-ouest éthiopien dont je m'apprête à décrire certains usages, c'est en effet un animal domestique, le bovin, qui est au sommet de la quête existentielle, lui qui est l'être non-humain le plus familier et pourtant celui qu'on ne considère pas comme un plein sujet et avec lequel il n'est pas envisagé de dialoguer ; lui qui est placé au centre des activités humaines et de l'échelle de valeurs personnelles et collectives, pour être ensuite systématiquement mis à mort et mangé sur place. C'est d'ailleurs ce dernier paradoxe apparent qui m'a conduit à intituler une monographie *Amour vache*[54]. L'ambivalence de cette expression idiomatique me semble capter un peu de ce qui est aujourd'hui séparé dans les sociétés agro-pastorales européennes, sédentaires et industrialisées : les relations de production et les relations de compagnie imprégnées d'affects. On découvre cette fois que la relation homme/animal n'est pas fondée sur la reconnaissance d'essences morales ou physiques plus ou moins partagées, mais sur des qualités communes et non-anthropomorphes (couleurs et comportements) que les différentes espèces réalisent différemment (en étant des humains ou des bovins). Comme nous le verrons, les animaux participent ainsi de l'identité des individus en tant que référents permanents, tout en faisant de ce processus identitaire une pratique parfaitement anthropocentrique dans son objectif.

Esthétique bovine

L'originalité du pastoralisme Est-Africain réside dans l'omniprésence du bétail dans la vie sociale, et dans le vaste répertoire de pratiques esthétiques qui vont bien au-delà des actions et des attentions que requiert l'élevage en tant que mode de subsistance. En effet, malgré les analyses divergentes du bétail dans l'aire du *cattle complex*[55], tous les ethnographes remarquent que la relation homme/bétail est saturée de formes esthétiques, de la simple

---

54. J.-B. Eczet, *Amour vache. Esthétique sociale en pays mursi (Éthiopie)*, Milano, Mimésis, 2019.
55. L'expression est de M. Herskovits (« The Cattle Complex in East Africa », *American Anthropologist*, 28, 1926) et dérive de la notion générique de *cultural complex*, développée par l'anthropologie diffusionniste (notamment Fritz Graebner), qui caractérise une chaîne d'activité centrale dans une société, autour d'un être vivant ou d'un artefact.

admiration au poème le plus élaboré, en passant par l'ornementation corporelle commune. Evans-Pritchard constate que « usage pratique, fonctions sociales ne font pas tout : les Nuer font du bétail le thème principal de leurs créations plastiques et poétiques »[56], une remarque sous-tendue par l'idée générale que « les Nuer, comme tous les pasteurs, sont des poètes ». Coote[57] fait même disparaître les bovins comme support esthétique, car il croit voir, chez les Dinka au Soudan, la preuve exemplaire que l'appréhension esthétique précède l'artefact, et que les Dinka seraient sensibles avant d'être poètes. Énonçant ce qui serait le comble de l'emphase esthétique niant tout caractère pratique du bétail, Evans-Pritchard notait : « Indépendamment de leur utilité, les bêtes sont une fin en soi, un but de civilisation ; leur possession, leur simple voisinage donne à l'homme le contentement des désirs de son cœur »[58].

Mais la particularité de ce bovin est qu'il est partout et qu'il est empiriquement impossible de distinguer un ordre prosaïque de la réalité d'un autre qui serait esthétique. On le trouve dans les enclos, dans les poèmes, dans les mariages, dans l'alimentation, dans le prestige, dans les problèmes, dans les dettes, etc. Même le « mode mineur de la réalité »[59] est saturé de bovins : il y a toujours une vache qui meugle et qui détourne l'attention, une bouse dans laquelle on marche, un morceau de cuir que l'on assouplit et une corpulence de vache que l'on commente, autant que sa couleur. Ce qui est remarquable est que la présence bovine, récurrente et répétitive, reste à un niveau d'enjeux étonnamment élevé. Routine et saillance ne s'excluent pas. Cela pour la raison qu'il n'existe pas un bovin qui peut se caractériser par une définition univoque, qu'il soit sujet en capacité d'avoir une identité partielle avec les humains ou objet à fins de nutrition. Puisqu'il est évident que ces pasteurs n'envisagent pas une communication sur une modalité de partage intentionnel avec leurs vaches (on ne leur parle pas ni n'attend de réponse), il est commun dans la littérature anthropologique d'assigner au bovin un rôle fondamental dans la subsistance, pour ensuite ne voir dans les pratiques esthétiques que des emphases symboliques de cette ressource nécessaire, une option analytique qui a souvent mené à qualifier d'obsessionnel ce rapport au bétail dans la littérature anthropologique régionale. Or, il n'est pas évident que le corps du bovin en tant que produit animal fondamental soit à l'origine des autres expressions, dans la mesure où l'ethnographie régionale révèle des situations où l'absence de bovins n'a pas fait renoncer à adopter un *ethos* pastoral et à l'esthétique concomitante[60] et que, d'une manière générale, l'*ethos* pastoral ne dépend pas de la taille du cheptel[61].

Je ne peux décrire en un article l'étendue de l'implication bovine dans les affaires humaines qui elle seule donnerait une image générale en tant que

■ 56. E. E. Evans-Pritchard, *Les Nuer*, Paris, Gallimard, 1968, p. 67.
■ 57. J. Coote, « "Marvels of everyday vision": the anthropology of aesthetics and the cattle-keeping nilotes », *in* J. Coote et A. Shelton (eds.), *Anthropology art and aesthetics*, Oxford, Clarendon, 1992.
■ 58. E. E. Evans-Pritchard, *Les Nuer*, *op. cit.*, p. 59.
■ 59. A. Piette, *Le mode mineur de la réalité. Paradoxes et photographies en anthropologie*, Louvain, Peeters, 1992.
■ 60. P. Smith, « Aspects de l'esthétique au Rwanda », *L'Homme* 25, 96, 1985, p. 7-22 ; C. Bader, *Les guerriers nus. Aux confins de l'Éthiopie*, Payot, Paris, 2002.
■ 61. Voir D. Turton, « The economics of Mursi bridewealth: a comparative perspective », *in* J. Commaroff (ed.), *The meaning of marriage payments*, New York, Academy Press, 1980.

fait social total[62] et qui participe par exemple, dans le cas des Mursi, tant des modes de communication quotidien[63], de l'établissement des étapes de l'ontogénèse à l'origine des classes d'âges[64] que des rapports de genre[65]. Ainsi, pour saisir comment le bovin déploie ce qui relève de l'essence et de l'espèce dans sa relation aux pasteurs, je vais suivre la méthode impressionniste qui consiste, comme le disait Stéphane Mallarmé, à ne pas peindre la chose, mais son effet ; ici, à ne pas décrire le bovin mais l'esthétique bovine, car c'est dans certaines des formes esthétiques auquel il participe que se détecte mieux la place singulière qu'il occupe auprès des humains.

Les noms personnels sont le premier lieu de la co-présence des bovins et de leurs pasteurs. Les Mursi ont particulièrement investi l'anthroponymie pour décrire un ensemble relationnel plus vaste que la désignation de l'identité du porteur du nom : chaque nom contient une personne, un bovin et des entités multiples, tous liés par la couleur.

Les couleurs sont en effet le radical commun à tous ces éléments composant les noms, et elles trouvent leur origine dans les robes des bovins. Certaines robes sont récurrentes, comme le brun-fauve, ou alezan (*golony*) ou le motif rayé, souvent rouge et noir (*tulay*), et sont utilisées pour décrire l'ensemble des perceptions visuelles. Un soleil couchant et le sang sont décrits par *golony* (rouge) tandis que le zèbre ou une couverture à carreaux sont décrits par *tulay* (rayé). Comme le proposent Fukui[66], Tornay[67] et Turton[68], ces robes récurrentes constituent les taxons élémentaires de la classification. Cette classification a plusieurs implications, comme celle d'inclure des monochromes et des agencements bi-chromatiques (des motifs) ou de regrouper certaines couleurs sous un seul terme ce que les langues romanes distinguent, comme avec *chage*, issu de la robe grise et pouvant désigner tant le bleu du ciel que le vert des feuilles. La terminologie des couleurs qui se fonde sur les robes de bétail doit ainsi être comprise comme des repères marquant des écarts distinctifs (la robe alezane n'est pas le rouge le plus pur mais elle est plus rouge que toutes les autres robes[69]). Il s'agit ainsi d'une « *gestalt* colorée » plus que d'une gamme de couleurs, car la classification n'est vraiment efficace qu'à la connaissance de l'ensemble des robes bovines. Il est ainsi possible de décrire n'importe quel élément du monde alors même que la perception visuelle s'éloigne nettement de la robe correspondante (par exemple, une fleur rose vif désignée par la robe de vache *rege*, de couleur crème/beige).

■ 62. M. Mauss, *Sociologie et anthropologie*, Paris, Minuit, 1968.

■ 63. Voir J.-B. Eczet, « Perception et relation : l'expression du *cattle complex* par les Mursi », dans C. Fausto et C. Severi (éd.), *Paroles en images : écriture, corps et mémoires*, Collection du programme Saint Hilaire, Open Edition Press, 2016, p 35-58.

■ 64. J.-B. Eczet, *Amour vache*, op. cit., p. 247-274.

■ 65. J.-B. Eczet, « Le genre des Belles-mères et l'âge des Anciens. Ou comment les personnes mûrissent avec les bovins dans le pastoralisme mursi (Éthiopie) », *Clio. Femmes, genre, histoire* 55, 2022.

■ 66. K. Fukui, « Co-Evolution between Humans and Domesticates: The Cultural Selection of Animal Coat-Colour Diversity among the Bodi », *in* R. Ellen et K. Fukui (ed.), *Redefining nature, Ecology, Culture and Domestication*, Oxford, Berg Publishers, 1996, p. 319-385.

■ 67. S. Tornay, « Langage et perception. La dénomination des couleurs chez les Nyangatom du Sud-Ouest éthiopien », *L'Homme* 13, 1973.

■ 68. D. Turton, « There's no such Beast: Cattle and Colour Naming among the Mursi », in *Man* (NS) 15, 1981, p. 320-38.

■ 69. *Ibid.*

Les couleurs sont associées aux personnes au moyen d'un nom baptismal de type « taureau + couleur » qui a aussi pour conséquence de lier ces personnes aux bovins de même couleur, à l'origine d'un triptyque personne/ couleur/bovin, l'un impliquant forcément les deux autres. Pensées comme des propriétés fondamentales des individus, les couleurs sont employées pour désigner métonymiquement une personne absente, parfois en triangulant l'appellation par des bovins. Cherchant quelqu'un du voisinage, on me répondit par exemple « c'est l'homme au bœuf gris-sable qui est assis là-bas ». On peut aussi appeler de manière injonctive : « Personne qui est gris-sable ! ». Enfin, la désignation habituelle d'une personne tierce prend la forme « nom de parentèle + couleur », comme dans « Le Biochage qui est gris-sable ».

La classification des couleurs est fondée sur les principales robes bovines et permet de décrire n'importe quelle perception du monde.
(Illustration : Jean-Baptiste Eczet et Pierre Montani)

Ce triptyque personne/couleur/bovin présent dans les anthroponymes sature l'espace social, car les Mursi ont fait des noms personnels de puissants outils pour particulariser les relations, à l'inverse du système anthroponymique français qui vise un consensus identitaire stable. En effet, chaque relation interpersonnelle peut se vivre sous un nom spécifique et la multiplication des relations entraîne inévitablement la multiplication des noms, dépassant parfois la centaine pour une seule personne. Chaque nom indexe une relation singulière entre deux individus et, pour cette raison, rares sont les interactions qui ne sont pas précédées de l'énoncé du nom, donnant ainsi un cadre à la relation duale.

La multiplicité des noms venant acter une relation singulière entre deux personnes entraîne création et innovation dans les noms. Néanmoins, celles-ci sont contraintes par une condition : les noms réfèrent tous à la couleur de l'individu. Un homme associé à la couleur noire dont le premier nom baptismal est Taureau Noir pourra ainsi s'appeler Buffle Appuie-tête, Fourmis-Noires Mouvantes, Tête Scarabée, Terre Métal, Métal Sombre, Buffle Noir-Profond Recourbées, etc., ou de tout autre nom référant au noir et mentionnant par exemple le charbon, la pleine nuit, l'obsidienne, etc. Par exemple, le nom Terre Métal est une référence à la période où un homme de couleur « noir » accumulait des vaches avant son mariage : de jeunes voisins, impressionnés par les nombreuses têtes de bétail noires, exprimaient dans ce nom l'impression de voir l'enclos comme recouvert de noir, comme recouvert de métal. Ce même homme est appelé par sa plus jeune épouse *Sigiokoroy* (Métaux Noir). Dans ce nom se trouvent sa couleur et la description de l'attribut féminin par excellence que les jeunes femmes portent en nombre, les bracelets noirs. Elle se place ainsi dans une position de jeune fille vis-à-vis de son mari. Mais au-delà de ce que les noms produisent dans le cadrage des interactions, la manière même de construire ces noms témoigne de la nature des existants mobilisés.

Émergences colorées

L'effort poétique présent dans la création de noms vise à extraire cette couleur d'une scène, sans importance particulière donnée à ce qui la produit. En effet, si l'association des personnes à une couleur implique une relation spécifique aux bovins de cette couleur, alors on serait porté à croire que les entités choisies pour leurs caractéristiques visuelles (le léopard est « tacheté noir », le buffle est « noir », la girafe est « tachetée rouge », etc.) constituent des classes d'existants avec lesquels entretenir des relations particulières, d'exclusivité ou d'évitement par exemple. En d'autres termes, nous pourrions voir dans ces éléments des sortes de totems, c'est-à-dire des référents exemplaires ou tutélaires sous lesquels les identités personnelles ou collectives se déploieraient. Mais aucune observation ne corrobore cette hypothèse. Au contraire, les noms témoignent que la couleur est recherchée dans des points de vue contextuels et dans des agencements du réel souvent plus proches d'ambiances et d'impressions que d'entités discrètes et substantiellement monochromes. Par exemple, le *same* désigne le plumeau de poils blancs présent sur les flancs du singe colobe (*kalam*). *Same* est ainsi souvent utilisé dans les noms référant à la couleur *lui*, comme dans Samelu (où *lu* est la contraction de *lui*) car le corps du colobe est noir-blanc-noir comme cette couleur. Mais cette métonymie n'est pas toujours mobilisée comme dans le nom Teosame, qui réfère au rayé, où le *same* est cette fois mobilisé en regard des franges qui donnent un aspect rayé à ces poils[70]. Certains noms font appel à un agencement scénique. Par exemple, le nom Gango'lu désigne une piste en terre vue de loin qui tranche sur la savane plus claire et sur laquelle des voitures de touristes, habituellement blanches, arrivent. Leur alternance sur fond de piste noire fait émerger dans la scène la perception *lui*, noir-blanc-noir. Tumudayno (Ciel Soir) convoque la voûte céleste pour indiquer la couleur tachetée noire (*biseni*), tandis qu'Itimogo (Allume Feu) réfère au rouge (*golony*) par la suggestion des premiers brins d'herbe incandescents qui prennent feu lorsqu'on souffle dessus. D'autres encore utilisent des hyperboles ou des paraboles, comme Chu-Chu-Chu (une onomatopée signifiant : « humer une odeur ») qui évoque une odeur de bière de sorgho flottant dans l'air et, ainsi, sa couleur crème rosée, ou *rege*.

Dans ces noms composés en partie d'entités discrètes, les éléments syntaxiques sont absents et, comme François Jullien le propose pour les titres des peintures chinoises, il faut traduire par le « littéral, qui ne se soumet pas à syntaxe et ne se construit pas »[71] : Charengele ne se traduit pas Léopard aux Cornes Evasées (il faudrait dire *char co kerre a engele*) mais Léopard Évasées. Il n'y a pas de création mentale d'une chimère, mais seulement le cumul de deux qualités situées sur des repères empiriques, l'une colorée et l'autre référant à la bien portance, ici signifiée par une tête de bétail aux grandes cornes évasées.

Il faut aussi constater que les termes de couleurs n'ont aucune occurrence tronquée de la particule actualisante *a-* (« c'est ») qui témoigne que le langage n'accorde aucune substance autonome à ces faits, car l'actualisation rend présente la possibilité d'un autrement (*c'est*, donc *ça peut ne pas être*). L'usage ne recourant pas au substantif (*le bleu* ou *le rouge*), le recoupement entre la perception et l'entité n'est que ponctuel et fortuit, puisqu'il s'agit de dégager des qualités, le plus souvent colorées. Et c'est d'ailleurs quand l'anthropologue cherche à comprendre la logique des entités indépendamment de celle des qualités qu'elles expriment qu'il se trouve dans une impasse, comme lorsque Lévi-Strauss veut comprendre une série d'entités identifiées comme des totems de groupes :

> Même chez les Nuer, dont les totems correspondent tous à des êtres ou objets réels, il faut reconnaître que la liste forme un bizarre assortiment : lion, cobe onctueux (un bovidé), lézard monitor, crocodile, divers serpents, tortue, autruche, aigrette, oiseau durra, divers arbres, papyrus, courge, divers poissons, abeille, fourmi rouge, rivière et ruisseau, bétail à robe diversement marquée, animaux monorchides, cuir, chevron (de charpente), corde, diverses parties du corps des animaux, enfin plusieurs maladies[72].

Si toutefois, au lieu de considérer cette liste comme une énumération d'entités discrètes et, donc, n'y reconnaître aucune logique classificatoire, nous considérons la qualité colorée possible à laquelle chaque entité peut

---

■ 70. Les *teo* sont les petits bouts de bois plantés dans le sol pour tendre les peaux et qui projettent une ombre rayée.
■ 71. F. Jullien, *Cette étrange idée du beau (Chantiers II)*, Paris, Grasset, 2010.
■ 72. C. Lévi-Strauss, *La pensée sauvage, op. cit.*, p. 116.

participer, cette liste devient une liste d'expression de couleur : l'autruche serait, en *mun*, jambe-blanche (*jaareholi*), l'aigrette montre le blanc (*holi*), les chevrons produisent le rayé (*tulay*) tout comme l'abeille, la courge illustre le gris-vert-bleu (*chage*) et des maladies comme la varicelle serait tacheté rouge (*kori*).

Ni propriété ou simple adjectif de l'objet s'ajoutant pour qualifier une chose, la couleur est la qualité recherchée au-delà des agencements matériels qui la produisent, comme le remarque Fukui auprès des Me'en voisins des Mursi, alors qu'il montrait l'artefact de l'ethnologue : « une jeune fille d'environ treize ans et nommée Lilinta (Dragon Vol), qui est associée à la couleur rouge, devient extrêmement excitée à chaque fois qu'elle voit la plus intense couleur rouge des 98 cartes que je lui montrais »[73]. De même, lors des déclamations de poèmes en pays Mursi, il est fréquent de voir une personne brandir un objet de la couleur chantée qui ne revêt aucune valeur particulière, et crier en l'air un autre référent de cette couleur, lui aussi sans symbolisme valorisant le référent, comme lorsque Koroyni (Noir Oreille) tourna autour de Nakumo (Corbeau), brandit un pot de terre glaise noircie (*dole*) et cria « Minuit ! » (*barkiango*).

Dans la poétique mursi, la multiplication des injonctions des interlocuteurs qui rappelle la couleur au fondement de l'identité personnelle dans les noms ne participe pas de la multiplication d'attachements affectifs envers ces référents dont on a vu qu'ils ne formaient pas des classes d'existants. Au contraire, c'est la qualité colorée qui ne cesse de montrer qu'elle est un radical subordonnant les entités qui y participent ponctuellement, qu'elle soit, par exemple pour quelqu'un de couleur tacheté noir (*biseni*), apportée par les discrets pois d'une coccinelle ou par la voûte céleste envahissant la nuit, ou encore lorsque l'obsidienne pourra exprimer le noir, mais aussi le blanc lorsqu'elle reflète le soleil.

Des relations poétiques

Un détour par l'impressionnisme pictural nous permettra de mieux comprendre cette manière de rompre avec l'essentialisme des entités, au profit de la considération de la couleur comme qualité première, et non comme qualité seconde. Claude Monet produit en effet de manière figurative et non plus rhétorique ces images que les Mursi cherchent à obtenir avec leurs noms. La série *Les Meules* (1890-1891) illustre la déclinaison des noms, mais de manière inverse. Plutôt que de partir d'une perception donnée que l'on s'efforce de retrouver dans différents agencements, Monet garde un motif constant et reproduit la perception qu'il en a eu selon le contexte, c'est-à-dire au moment où il l'a peinte (avec souvent deux coordonnées : heure du jour et saison). Le résultat est une série de meules dont les couleurs sont sans cesse changeantes : « Quinze meules de pailles. *La même*, prise à différentes heures de la journée. Il y a la meule grise, la meule rose (six heures), la meule jaune (onze heures), la meule bleue (deux heures), la meule violette (quatre heures),

■ 73. K. Fukui, « Co-Evolution between Humans and Domesticates : The Cultural Selection of Animal Coat-Colour Diversity among the Bodi », art. cit., p. 359-362 (je traduis).

la meule rouge (huit heures du soir) etc., etc. »[74]. Et Wassily Kandinsky commentera ces tableaux en exprimant, au fond, ce que les Mursi font avec leurs noms : « Inconsciemment aussi, l'objet en tant qu'élément indispensable du tableau en fut discrédité »[75]. La conséquence de cette non-essentialisation de la couleur dans une entité est la non-essentialisation de l'entité elle-même. De plus, Monet, selon les usages des salons, nommera ces tableaux et fera sauter la syntaxe de sorte que les titres ne puissent pas plus enfermer le réel dans une description finie que ne le font les images produites : *Meule soleil couchant*, *Meule (fin de l'été)*, etc. ; où l'on voit que l'intention du peintre n'était pas de matérialiser un paysage mais de faire se rejoindre plusieurs propriétés du monde (meule + lumière du soleil couchant) pour créer une image tierce, plus proche de l'impression qu'a eu l'artiste que d'une description naturaliste du monde. Là où les Mursi font varier les repères topographiques pour détecter des couleurs, Monet fait varier la lumière sur un motif unique pour figurer une réalité au-delà des entités qui le composent.

Dans la pratique anthroponymique mursi qui révèle que les couleurs subordonnent les entités qui la permettent, les bovins occupent une place à part. Les personnes ont en effet une couleur comme propriété fondamentale, mais qui ne sera présente sur leurs corps que ponctuellement à l'aide de quelques ornements[76], tandis que les éléments du monde, on l'a vu, n'ont pas tant de couleur en soi qu'ils peuvent parfois, agencés de telle ou telle manière, en produire une. Les bovins, eux, exhibent sans cesse une couleur de manière univoque. Nous avons vu que la classification des couleurs qui s'adosse à leurs robes ne fait pas d'eux les couleurs parfaites, mais des incarnations stables. Or, ce qui contient une haute probabilité de corrélation à une catégorie n'est rien d'autre que le prototype de cette catégorie, faisant de la relation bovin/couleur un flux permanent de définition récursive : l'amorce diastolique de la relation est l'indexation des couleurs sur les robes bovines (la classification), tandis que la pratique poétique qui ne cesse de faire varier les lieux de couleurs constitue la systole de la relation, car seuls les bovins indexent la couleur de manière pérenne et sans contexte, devenant un repère saillant dans ces jeux d'identification. En d'autres termes, les existants partagent des propriétés colorées qui tiennent lieu d'essence, les bovins étant les prototypes des couleurs, eux qui les montrent sans dépendre d'un agencement contextuel.

Si l'on souhaite décrire les pratiques mursi dans une des ontologies telle que définies par Descola[77], alors ce ne sont pas le naturalisme ni l'animisme abordés dans l'introduction, mais bien le totémisme qui fournit les coordonnées appropriées. Selon le modèle, le totémisme implique un rapport de continuité entre les existants, à la fois concernant les intériorités et les physicalités. Or, les Mursi tracent des continuités selon cette double

■ 74. D. Wildenstein, *Monet ou le triomphe de l'impressionnisme, catalogue raisonné*, vol. 3, Cologne-Paris, Taschen-Wildenstein Institute, 1996, p. 273.
■ 75. W. Kandinsky, *Regards sur le passé*, trad. fr. J.-P. Bouillon, Paris, Hermann, 1974, p. 97.
■ 76. J.-B. Eczet, « Révéler et éloigner. Usages du corps et de ses ornements en pays Mursi », *Les Annales d'Éthiopie* 29, 2015, p. 223-246.
■ 77. Ph. Descola, *Par-delà nature et culture, op. cit.*

focalisation, mais au moyen d'un unique concept encore plus intégrateur, car il ne distingue pas ces deux aspects des êtres : non seulement, un seul terme désigne à la fois l'expression de la couleur et l'expression corporelle, mais la mise en correspondance des corps bovins et des corps humains suit la même logique qu'avec les couleurs, c'est-à-dire une recherche de qualités communes exprimées dans des réalisations divergentes.

Impressionnisme des corps

Malgré l'usage intensif de la couleur, les Mursi n'ont pas de terme directement traduisible par « couleur ». Une robe de vache, et, par extension, l'apparence des autres mammifères, se dit *chore* et se traduit par « robe/pelage ». La couleur fondamentale d'un individu se dit *ree*, mais lorsque je menais mes premiers entretiens et que je demandais à quelqu'un quel était son *ree*, on me corrigeait le plus souvent en utilisant un verbe qui en est le dérivé, *reg'e*. À ma question « – Quel est ton *ree* ? » (*Ree anunu aeneng'* ?), on me répondait dans un vocable processuel « Je *reg'e* le bœuf qui est rouge » (*Anye kereg'ey bhungay agolony*) où l'on incluait le plus souvent le bovin à sa couleur. Dans d'autres contextes, traduire *ree* par « corps » convient aussi. *Ree ilaaso* s'utilise dans des moments de mal-être et se traduirait par « le corps va mal », et *ree baaso* par « le corps va bien », souvent associé, respectivement, à une posture corporelle les épaules tombantes et les bras ballants ou, au contraire, en gonflant le torse. Pour savoir si une personne va mieux, on dira « Ton corps va-t-il mieux ? » (*ree anunu watew challi* ?). Mais dans la maladie comme dans la description d'états quotidiens, *ree* n'est utilisé que pour évoquer un état global et l'énoncé d'un symptôme est toujours rapporté à une partie plus précise (la tête, l'estomac, etc.).

Il faut en déduire que le *ree* est donc un processus plus qu'une propriété, d'une part, et un état général plus qu'une substance précise, d'autre part. Forme nominale de l'étant, il s'énonce plus volontiers sous forme de verbe exprimant une dynamique, et réfère au processus d'actualisation et d'expansion des relations sociales au moyen de perceptions visuelles. On pourra ainsi employer ce verbe tant pour décrire le fait de réciter un poème mettant en valeur sa couleur que face à son troupeau contenant des animaux de cette couleur. En ce sens, le *ree* est un intensif [78] et l'étant va bien lorsqu'il est perçu, processuel et activé, tant par l'expression de couleurs qui existent dans les noms, les poèmes et le troupeau, que sous la forme du bien-être physique qui permet de mettre le corps en valeur. La maladie se vit en effet cachée et en retrait du monde, signifiant l'arrêt des relations sociales et du regard d'autrui, comme si le *ree* souffrant, dans son acception « corps », ne pouvait pas être seul dans son acception « couleur dans les noms ». L'un ne va pas sans l'autre et l'activation de l'étant sous forme de nomination passe par la condition pragmatique et corporellement située, le face-à-face. Corps ou couleur, l'étant s'exhibe dans le monde. Pierre Smith remarque qu'au Rwanda comme chez les Mursi, le terme traduit habituellement par « corps » (*umubiri*) ne s'applique pas au cadavre. Parce que le *umubiri*, comme le *ree*,

---

■ ▨ 78. F. Jullien, *Cette étrange idée du beau (Chantiers II)*, op. cit., p. 92.

est « la texture perceptible de la vie »[79], dont le corps physique n'est qu'une des objectivations, les dépouilles sont abandonnées dans la brousse car, sans la vie, elles ne sont justement plus que des corps[80].

Le corps et la couleur se désignent par un même concept recouvrant l'ensemble des démarches expressives de la personne. À la connaissance de cette manière de concevoir le corps, comment peut-on décrire la mise en relation des corps humains et bovins ? À voir des pasteurs lever les bras au ciel pour former les cornes de leurs bœufs, les ethnographes ont cru voir de l'imitation, allant une fois de plus dans le sens d'une focalisation obsessionnelle envers l'animal. D'une manière générale, la relation pasteur/ bovin fut interprétée comme fondée sur une équivalence conceptuelle entre ces deux collectifs, donnant lieu à des imitations (notamment corporelles), à des identifications (d'ordre moral) et à des substitutions (lors des sacrifices)[81]. Ces trois manières concrètes d'acter l'équivalence se donnent en effet à voir, respectivement, dans les danses et d'autres activités corporelles, dans l'anthroponymie qui implique les bovins pour désigner les personnes, dans le sacrifice où les bovins tiennent lieu de quasi-personnes, puisqu'elles en sont leur extension. Mais à y regarder de plus près, la logique totémique applique un régime de correspondance un peu différent.

Durant les danses vespérales, lors desquelles se regroupent pendant quelques heures toutes les catégories d'âge et de genre, la réussite pastorale est mise en scène en parallèle des récoltes effectuées dans la journée. Un à un au centre de la foule amassée en cercle, les hommes semblent danser comme des taureaux. Mais les ethnographes ayant opté pour l'interprétation en termes d'imitation[82] se sont laissés duper, car la gestuelle ne correspond pas à un comportement corporel observé qu'on essaierait de reproduire, mais à la description langagière d'un taureau se battant, une description sensiblement plus synthétisée dans quelques traits caractéristiques. Ainsi, personne n'est à quatre pattes à frapper sa tête contre un autre, mais tous effectuent des gestes qui visent à reproduire *ce que l'on dit* de ces combats qui ont souvent lieu en pleine nuit : de grands bruits de sabots frappant le sol et le risque que les clôtures soient défoncées par ces taureaux. Ainsi, les hommes frappent-ils le sol de leurs pieds après avoir sauté en l'air, tout en tenant les yeux fermés, au risque que le danseur finisse ses bondissements dans la foule amassée autour de lui. De même, les jeunes filles dansant après eux n'imitent pas tant les veaux qu'elles expriment, par de petits sauts chaloupés, portant le regard au loin et sans se déplacer, le sautillement et l'insouciance visibles chez les veaux que l'on rappelle en discussion au moyen des mêmes gestes. Enfin, les femmes plus âgées qui, par leur mariage d'antan puis par le soin aux troupeaux domestiques dont elles ont aujourd'hui la charge, témoignent de

▇ 79. P. Smith, « Aspects de l'esthétique au Rwanda », art. cit., p. 15.
▇ 80. S. Tornay (*Les fusils jaunes*, Nanterre, Société d'ethnologie, 2001) constate aussi que chez les Nyangatom, voisins sud des Mursi, les cadavres sont souvent abandonnés aux charognards, comme j'ai pu le constater moi-même chez les Mursi à plusieurs reprises. Même lorsqu'une tombe est creusée, le traitement du corps est minimal avant inhumation.
▇ 81. J.-B. Eczet, « Logiques totémiques dans le *cattle complex* », *Techniques & Culture*, suppl. au n°73, 2020.
▇ 82. Voir G. Lienhardt, *Divinity and experience : the religion of the Dinka*, Oxford, Oxford University Press, 1961.

leur implication dans le pastoralisme qui n'est pas qu'une affaire d'hommes[83] en avançant en groupe les bras levés au ciel, non pour imiter un troupeau prospère, mais pour signifier l'idée de prospérité.

D'un point de vue formel, les gestes que créent les Mursi par les danses ne sont pas l'imitation de leurs proches compagnons animaux, mais la reproduction de traits comportementaux partagés avec les bovins, chacun adoptant le registre le plus propice à exprimer ce que les personnes sont amenées à être : compétences martiales pour les jeunes hommes (au moyen d'une gestuelle violente partagée avec les taureaux) ; compétences domestiques et reproductives pour les jeunes femmes (au moyen d'une gestuelle partagée avec les veaux) ; compétences de gestionnaires pour les vieilles femmes (au moyen de la figuration d'un troupeau prospère). Ces deux collectifs qui cohabitent ne se prennent pas l'un pour l'autre ni ne sont amenés à interagir comme des sujets de même ordre : leur cohabitation les rend avant tout extrêmement proches du fait d'un partage de qualités.

Cette logique d'expression de qualités communes se retrouve même dans l'ornementation corporelle. Les motifs peints ou scarifiés sont, d'un point de vue formel, des versions épurées de motifs plus complexes présents dans l'environnement visuel. Par exemple, un motif récurrent des scarifications est un U et aucune exégèse symbolique n'est produite lors d'entretiens, bien qu'il soit associé à des contextes de mariages et de meurtres. Un ensemble de perceptions signifiantes dans l'environnement a un motif analogue : la forme des enclos à bétail, dont chacun dessine un U et dont l'addition en groupe de cinq à huit se fait dans une disposition spatiale elle aussi en forme de U, l'entrée des maisons, l'empreinte de certains vautours, toute chose composant une référence générique des habitations et des raids guerriers faits de meurtres et impliquant la venue de vautours. C'est de cette façon que l'ensemble du répertoire graphique des Mursi peut être lu : une thématique implique des formes visuelles réalisées qui se voient synthétisées dans un motif graphique sous-déterminé, de la même manière que les multiples manières de nommer les personnes et d'identifier les bovins convergent toujours vers quelques termes de couleurs, ou encore que les comportements spécifiquement humains et bovins peuvent être captés par quelques scénographies exhibant des qualités comportementales partagées. Dans ces activités, des variations sont créées à partir de qualités communes aux collectifs élargis des pasteurs et de leurs bovins. Ces pratiques montrent une logique où le monde s'incarne dans des réalisations singulières à partir de quelques principes partagés faisant fi de la nature des existants qui en sont éventuellement à l'origine, qu'ils soient humains, bovins, ou éléments présents dans l'environnement[84].

Conclusion

Certes à un autre niveau que celui strictement cognitif de la reconnaissance d'essences à chaque espèce, les modalités pratiques du pastoralisme mursi

---

■ 83. J.-B. Eczet, « Le genre des Belles-mères et l'âge des Anciens. Ou comment les personnes mûrissent avec les bovins dans le pastoralisme mursi (Éthiopie) ».

■ 84. Pour un développement de cette logique dans les danses et le graphisme, voir J.-B. Eczet « Logiques totémiques dans le *cattle complex* », art. cit.

nous montrent que la frontière d'espèce ne repose pas sur des essences distinctes *a priori*. Ce que montre la logique totémique des pratiques mursi est la création de formes aussi différenciées que des humains et des bovins à partir de quelques qualités partagées. Il en résulte un type de relation tout à fait différent d'une modalité animiste telle que décrite en introduction de cet article. Car partager des qualités ne revient pas à s'identifier réciproquement, pas plus que cela n'entraîne de modalités relationnelles fondées sur une équivalence subjective, à la manière de l'animisme qui impute aux non-humains d'autres espèces un fond de socialité anthropomorphe. Deux types d'existants émergeant des mêmes qualités peuvent ainsi user de modalités relationnelles distinctes et non-réciproques faites, pour les humains envers les bovins, de possession, de protection, de mise à mort et de consommation, mais aussi d'affection démonstrative (avec énonciation des qualités, chants, pleurs, etc.), toutes choses que les personnes se refusent entre eux[85]. D'ailleurs, lors des mises à mort, peu ou prou d'égards sont portés à l'animal, aucune parole n'est prononcée à son encontre ou à celui d'un être invisible, aucune dette morale et donc aucun risque de représailles n'est encouru, empêchant de ce fait de qualifier de « sacrifice » cette fin de vie par la main du pasteur, ni d'y voir les mêmes égards que les chasseurs ont envers la proie en contexte animiste. L'animal est tué, et l'épreuve n'est terrible que pour son propriétaire qui perd, lorsqu'il s'agit d'une femelle, un potentiel génésique, et, dans tous les cas, une incarnation animale de comportements et de perceptions qu'il a patiemment fait croître, et qui valent autant pour modèle expressif de qualités partagées que pour résultat des compétences et savoirs pastoraux (Latour appellerait cela un « faitiche »[86]).

Ce qui tient lieu d'essence commune entre les pasteurs et leurs bovins est donc constitué par des qualités partagées (colorées, comportementales), et ce n'est que par leur réalisation par chaque espèce en propre que les différences deviennent évidentes. C'est pourquoi les qualités reliant les existants ne peuvent être qu'abstraites, puisque lorsqu'il s'agit de réalisations concrètes, elles sont déjà captées par la forme que chaque espèce lui donne. Reste à savoir ce que, pour la métaphysique anthropologique des études animales, une telle répartition des différences et des similitudes donnerait en critique du naturalisme, car il n'agit pas comme le contraste animiste dont l'effet de miroir inversé de nos propres pratiques est particulièrement signifiant, et, partant, séduisant : l'exemple ici présenté offre une possibilité que la reconnaissance de qualités partagées participant d'un haut degré d'intégration collective ne se fonde pas sur une égalisation de la condition subjective des êtres.

Jean-Baptiste Eczet
Laboratoire d'anthropologie sociale
Maître de conférences de l'EHESS

■ 85. Voir J.-B. Eczet, « Des hommes et des vaches. L'attachement entre les personnes et leurs bovins en pays Mursi (Éthiopie) », *Anthropologie et Sociétés* 39, 2015, p. 121-144.
■ 86. B. Latour, *Sur le culte moderne des Dieux faitiche*, Paris, La Découverte, 2009.

LES INTROUVABLES DES CAHIERS

DE L'OBSERVATION DES LICHENS AU CONCEPT DE SYMBIOSE, ET AU-DELÀ

Lichens, Désert des Agriates (Corse)
(Photo Nathalie Chouchan)

La conférence prononcée par Heinrich A. De Bary à Cassel en 1878 et publiée l'année suivante [1] est l'acte de naissance du concept biologique de symbiose destiné à penser « les phénomènes de la vie en commun d'organismes différents » (du grec σύν / *sýn*, « avec, ensemble » et du nom βίος / *bíos*, « vie »). Ce concept a été forgé dans le creuset des recherches menées sur les lichens durant la seconde partie du XIXe siècle. Si l'identification et la description du lichen du chêne rouvre (*Quercus petraea* (Mattuschka) Liebl.) trouvent déjà place dans les *Recherches sur les plantes* de Théophraste [2], la connaissance et la classification des lichens restent flottantes jusqu'au moment de la découverte de leur caractère dividuel, algue-champignon. L'hypothèse

■ 1. L'article « De la symbiose » ici présenté est un article publié en français par Heinrich Anton de Bary dans la *Revue internationale des sciences* en 1879 (t. III, p. 301-309), transcrivant l'essentiel d'une conférence prononcée à Cassel en 1878 au congrès de l'Association des naturalistes allemands et publiée à Strasbourg 1879 sous la forme d'une monographie avec pour titre *Die Erscheinung der Symbiose : Vortrag, Gehalten auf der Versammlung Deutscher Naturforscher und Aerzte zu Cassel*.

■ 2. Rangé dans la même catégorie que les mousses et les hépatiques, « Quant à ce que certains appellent un lichen et qui ressemble à des guenilles, celui que seul le rouvre porte est gris et rêche ; long d'une coudée, il pend comme un grand lambeau d'étoffe. Ce lichen naît de l'écorce et non du renflement d'où sort le gland, ni d'un œil, mais sur le côté des rameaux supérieurs. Le chêne chevelu en produit un noirâtre et court ».

de cette double nature est formulée pour la première fois par Heinrich Anton de Bary en 1866 :

> Puis-je donner mon opinion subjective, dont la motivation détaillée m'entraînerait trop loin ? Si j'en donne ici une brève indication, deux suppositions me semblent justifiées. Soit les Lichens dont il s'agit sont des formes parfaitement développées et fructifères de végétaux dont les formes incomplètement développées, comme Nostocacées, Chroococcacées, se trouvaient jusqu'à présent parmi les Algues. Ou les Nostocacées et les Chrooccacées sont des algues typiques ; elles prennent la forme des Collem, Éphèbes, etc., par le fait que certains Ascomycètes parasites les envahissent, étendent leur mycélium dans le thalle en croissance et le fixent à ses cellules contenant du phycochrome (Pleclopsora, Omphalariées). Dans ce dernier cas, les plantes en question seraient des pseudo-lichens comparables aux Phanérogames transformées par des champignons parasites, Phanérogames, comme Euphorbia degener et autres[3].

Le botaniste Simon Schwendener partage des observations similaires. Dans un mémoire de 1869 publié aux Presses de l'Université de Bâle, il affirme que les lichens sont des colonies et non une plante autonome. Composées de « centaines et de milliers d'individus », elles lieraient des organismes d'espèces différentes par une structure hiérarchisée :

> Le souverain est un champignon de la classe des Ascomycètes, un parasite habitué à vivre du travail des autres ; ses esclaves sont des Algues vertes qu'il a poursuivies, ou au moins retenues et contraintes à le servir[4].

Cette théorie a rencontré une forte opposition : une partie des savants a récusé l'hypothèse d'une nature duale des lichens, dont le grand spécialise Wilhelm Nylander, tandis que d'autres botanistes ont critiqué la description de l'association, niant qu'elle soit un parasitisme. Mais Heinrich Anton de Bary, qui se distingue par son application, s'est contenté alors de décrire les relations entre les algues et les champignons qu'il observait sans les identifier ni les réduire d'emblée à du parasitisme. Un an avant sa conférence de Cassel de 1879, un autre botaniste, Albert Bernard Frank avait proposé le terme de « Symbiotismus » pour caractériser les relations de co-dépendance algues-champignons[5].

La controverse sur la nature des lichens a été vive, perdurant plusieurs dizaines d'années, incluant l'épisode récemment médiatisé de la non-publication de la contribution de Béatrix Potter en 1896 à la Société linnéenne de Londres[6]. La mode était pourtant à la quête d'observations et de concepts

3. H. A. de Bary, « Morphologie und Physiologie der Pilze, Flechten und Myxomyceten », in *Handbuch der physiologischen Botanik*, 2. Bd., 1. Abt, Leipzig, W. Engelmann, 1866, p. 291.

4. S. Schwendener, *Die Algentypen der Flechtengonidien. Programm für die Rektoratsfeier der Universität*, ed. C. Schulze, Bâle, Presses de l'Université de Bâle, 1869, p. 3.

5. A.-B. Frank, *Über die biologischen Verhältnisse des Thallus einiger Krustenflechten. Beiträge zur Biologie der Pflanzen*, II, Berlin, Duncker & Humblot, 1877, p. 123-200.

6. La Société linnéenne de Londres a reconnu officiellement en 1997 que Béatrix Potter avait été traitée « de façon saugrenue » ; cf. https://www.linnean.org/the-society/history-of-science/beatrix-potter-the-tale-of-the-linnean-society et R. Watling, *The Linnean* 16, p. 24-31.

permettant de saisir des relations réciproques ou égales entre les formes de vie. La possibilité de relation symbiotique entre des organismes appartenant à différents règnes est explorée avec énergie dans les mêmes années : l'observation minutieuse des hydres et des infusoires fait naître ainsi la question d'une possible association de ces animaux avec des algues, Karl Brandt montrant en 1881 que cette association n'était pas du parasitisme et qu'elle permettait des bénéfices mutuels [7].

Beatrix Potter, *Cladonia extensis*
Photo © The Armitt Trust

La plupart des lexèmes servant à désigner ces relations biologiques nouvellement découvertes ont été délibérément empruntés au vocabulaire politique, ainsi de « parasitisme » introduit par Candolle en 1832 ou de « mutualisme », ou « commensalité » employés par Pierre-Joseph Van Beneden en 1875 dans *Les commensaux et les parasites dans le règne animal* [8]. Le terme de « symbiose » ne fait pas exception à cet usage. On le trouve au tournant du XVIIe siècle sous la plume du calviniste Althusius comme un synonyme de politique, et plus précisément d'une politique ecclésiale non-pyramidale, orientée pour que les êtres humains s'accordent et fassent en sorte de ne manquer de rien de nécessaire à la vie :

> La politique est l'art d'établir, de cultiver et de conserver entre les hommes la vie sociale qui doit les unir. Ce que l'on appelle la symbiotique. Le sujet de la politique est donc la consociation, par pacte exprès ou tacite, par laquelle les symbiotes s'obligent les uns les autres réciproquement à la communication mutuelle des choses qui sont utiles et nécessaires à l'usage et à la participation de la vie sociale. La fin de la politique symbiotique développée par les hommes

7. K. Brandt, « Uber das Zusammenleben von Algen und Tieren », *Biologisches Zentrallblatt* I, 1881, p. 524-527.
8. P.-J. Van Beneden, *Les commensaux et les parasites dans le règne animal,* Paris, Librairie Germer Baillière, 1875.

est la symbiose sacrée, juste, appropriée et heureuse, et d'assurer qu'il ne manque aucune chose nécessaire ou utile à la vie[9].

Malgré la profusion des découvertes sur les formes de « vie en commun » qui ont marqué les dernières décennies du XIXᵉ siècle, il n'est pas anodin que le phénomène pour la description duquel le terme symbiose a été inventé ait été d'abord observé et reconnu dans le monde végétal. Si, en effet, la systématique contemporaine fondée sur la phylogénie nous apprend que les champignons ne sont pas des plantes et ne constituent même pas un règne défini, ou encore que les algues appartiennent à onze groupes différents, au XIXᵉ siècle, les algues, les lichens et les champignons étaient unanimement considérés comme des formes primitives de plantes[10]. L'imaginaire végétal, quoiqu'assez peu irénique (Anton de Bary a été un découvreur du mildiou qui dévastait les cultures des pommes de terre), était néanmoins fort différent des représentations de concurrence et de prédation qui gouvernaient les organismes hétérotrophes. Le caractère dividuel du lichen était certes étonnant, mais l'appartenance des deux organismes au règne végétal le rendait relativement acceptable. Par contraste, la montée en généralité esquissée par Anton de Bary à la fin de son article depuis les observations des algues et des champignons vers la description des relations interspécifiques et interrègnes sur le mode d'une socialité non nécessairement prédatrice ou concurrentielle ne laisse aucun doute sur les partis pris théoriques et politiques ayant guidé son choix du terme de « symbiose ».

Il serait toutefois erroné de considérer *De la symbiose* comme une critique de la théorie de l'évolution. Tout au contraire. Partisan explicite de la « théorie de la descendance », Anton de Bary affirme que les phénomènes de symbiose sont parmi les causes de la sélection naturelle. Assurément en revanche, Anton de Bary n'est pas des naturalistes dont se plaint Charles Darwin, de ceux qui cultivent une « notion bigote de l'espèce »[11], ni de quelque autre concept que ce soit d'ailleurs, dont celui de règne. Les échanges intellectuels qu'il entretient avec la famille Darwin en témoignent. Charles Darwin remercie ainsi par une lettre le 5 Août 1879 Heinrich Anton de Bary d'avoir fait don de deux *Urticularia* à son fils Francis lors d'un passage à Strasbourg et l'encourage à publier ses observations par ces mots :

Cela me paraît fort désirable, parce que le cas de l'*Utricularia* est très différent de celui de la *Drosera*. Je n'ai pu déceler aucune preuve d'une véritable digestion chez *Utricularia*, bien que l'état des cellules en contact avec des matières animales en décomposition montre clairement qu'il y a eu absorption. 2 Le fait que les jeunes plantules développent des vessies est également très intéressant[12].

9. J. Althusius, *Politica methodice digesta*, trad. fr. G. Demelemestre, *Les deux souverainetés et leur destin. Le tournant Bodin – Althusius*, Paris, Cerf, 2011, p. 51.

10. Les champignons et les archées étaient ainsi considérés comme des plantes, *cf.* Ch. Darwin, *L'origine des espèces*, chap. III, trad. fr. E. Barbier, Paris, Flammarion, 1992, p. 113-115.

11. *Cf.* Entretien avec P.-H. Gouyon, *infra*, p. 105,.

12. https://www.darwinproject.ac.uk/letter/?docId=letters/DCP-LETT-12182.xml

Anton de Bary ne publiera pas ses résultats à cause de difficultés survenues dans la culture des *Utricularia*, mais Francis Darwin fera mention de ses observations dans sa révision de l'ouvrage de son père sur *Les plantes insectivores* dans une note qui souligne que les *Utricularia* devaient avoir un intérêt propre à la capture des insectes, débordant par la prédation la physiologie dominante du règne auquel elles appartiennent [13].

La découverte des phénomènes de symbiose oblige néanmoins Anton de Bary à des réajustements théoriques qui interdisent de comprendre l'expression de « lutte pour l'existence » de façon littérale. Dans une phrase très souvent citée de *L'origine des espèces* Darwin lui-même avait pris bien soin de préciser que cette formule était métaphorique :

> Je dois faire remarquer que j'emploie le terme lutte pour l'existence dans le sens général et métaphorique, ce qui implique les relations mutuelles de dépendance des êtres organisés, et, ce qui est plus important, non seulement la vie de l'individu, mais son aptitude ou sa réussite à laisser des descendants [14].

La lutte pour l'existence n'est ainsi pas le nom d'une arène dans laquelle s'affrontent les organismes individuels pour survivre : elle désigne la capacité de ces organismes à assurer une descendance. Dans le cas des lichens, cette capacité repose sur un processus antinomique de celui de la concurrence, la « vie en commun », qui fait de la symbiose une force co-évolutive. Anton de Bary mène bien ici une bataille scientifique, usant de la sémantique politique pour inventer une nouvelle conceptualité biologique. Ce faisant, cette invention du concept biologique de symbiose cristallise une histoire intellectuelle de transfert de modèles politiques vers le vivant. Comme le souligne Olivier Perru dans son étude sur les origines historiques de la notion de symbiose, cette conférence aura un « retentissement mondial » [15]. Mais si ce transfert du lexique politique aux concepts biologiques est fécond, c'est qu'il répond à certaines conditions qui font de cette conférence de Cassel une sorte de petit traité de la méthode scientifique. Retournant l'objection la plus répandue contre la théorie darwinienne de la descendance, selon laquelle celle-ci ne serait pas confortée par des observations et des expériences, Anton de Bary érige l'empirie en ressort logique capable de mouvoir toute l'architecture des

13. Ch. Darwin, *Insectivorous plants*, éd. revue par Fr. Darwin, London, John Murray, 1888, p. 365.

14. La suite du texte mérite d'être citée ici : « On peut certainement affirmer que deux animaux carnivores, en temps de famine, luttent l'un contre l'autre à qui se procurera les aliments nécessaires à son existence. Mais on dit qu'une plante, au bord du désert, lutte pour l'existence contre la sécheresse, alors qu'il serait plus exact de dire que son existence dépend de l'humidité. On pourra dire exactement qu'une plante, qui produit annuellement un million de graines, sur lesquelles une seule, en moyenne, parvient à se développer à mûrir à son tour, lutte avec les plantes de la même espèce, ou d'espèces différentes, qui recouvrent déjà le sol. Le gui dépend du pommier et de quelques autres arbres ; or, c'est seulement au figuré qu'on pourra dire qu'il lutte contre ces arbres, car si ces parasites s'établissent en trop grand nombre sur le même arbre, ce dernier languit et meurt ; mais on peut dire que plusieurs guis, poussant ensemble sur la même branche et produisant des graines, luttent l'un avec l'autre. Comme ce sont les oiseaux qui disséminent les graines du gui, son existence dépend d'eux, et l'on pourra dire au figuré que le gui lutte avec d'autres plantes portant des fruits, car il importe à chaque plante d'amener les oiseaux à manger les fruits qu'elle produit, pour en disséminer la graine. J'emploie donc, pour plus de commodité, le terme général lutte pour l'existence, dans ces différents sens qui se confondent les uns avec les autres », Ch. Darwin, *L'origine des espèces, op. cit.*, p. 113-115.

15. O. Perru, « Aux origines des recherches sur la symbiose vers 1868-1883 », *Revue d'histoire des sciences* 59, 2006, p. 5-27 ; O. Perru, *De la société à la symbiose. Une histoire des découvertes sur les associations chez les êtres vivants*, vol. I : 1860-1930, Paris, Vrin, 2003.

DE L'OBSERVATION DES LICHENS AU CONCEPT DE SYMBIOSE, ET AU-DELÀ

sciences de la vie. Sa démonstration déploie une puissance d'attention sans concession au cas singulier.

Le constat d'une forme de « vie en commun » de deux plantes, *Azolla*, « qui est le nom d'un genre de végétaux ressemblant aux Fougères ou à de grandes Mousses foliacées, et qui croît à la surface de l'eau », et *Anabæna* qui est une algue verte, est en effet un point de bascule à partir duquel Anton de Bary opère de nombreux déplacements, faisant porter la focale non seulement sur l'association algue champignon de tous les Lichens mais sur des phénomènes de vie en commun qui lui sont comparables, celui de certaines fougères (Azolla est aujourd'hui considéré comme un genre de fougère), et celui des Nostocs des Cycadées (soit des cyanobactéries vivant en association avec les racines des Cycadées, un ensemble de plantes gymnospermes présentant des caractères de fougères et des feuilles semblables à celles de palmiers) [16]. Très habilement, le terme de symbiose n'est introduit par Anton de Bary qu'après le rassemblement de ces phénomènes sous le nom de « lichénisme », de façon à réserver le terme de symbiose pour désigner la supercatégorie regroupant l'ensemble des formes de vie en commun, quelle que soit leur modalité, prédatrice ou non, ce qui permet une nouvelle division des symbioses en symbioses antagonistes et symbioses mutualistes. Mais Anton de Bary ne s'arrête pas là : en plus de l'emprunt lexical du terme de symbiose au registre politique, du débordement des notions de parasitisme, de commensalité et de mutualisme par le concept de symbiose, et du transfert prudent de concepts entre les règnes animal et végétal, il formule une proposition rusée d'extension du concept de symbiose à l'ensemble des socialités qui lient les unes avec les autres les vies d'espèces différentes.

La méthode empirique fait alors vaciller les concepts fondateurs de la biologie, tout au moins ceux d'espèce, d'individu et d'organisme : le lichen n'est pas une curiosité, mais un exemplaire d'une série, dont il convient d'analyser plus avant les propriétés pour mieux comprendre la série dans sa généralité. Le lichen est ainsi choisi par Anton de Bary comme concept éponyme des formes de vie dividuelles, le lichénisme. Identifiable comme un être biologique singulier, il ne saurait être désigné, à strictement parler, comme un organisme. Il associe des espèces différentes s'assemblant en une entité nouvelle et possédant des caractères particuliers dont les associés isolés sont dépourvus, aussi bien au plan morphologique qu'au plan fonctionnel. L'association algue-champignon est en effet un phénomène dynamique ouvert dont aucune propriété ne se réduit aux propriétés des éléments, lesquels sont bien davantage que des organes, puisqu'ils peuvent avoir une existence indépendante. La notion d'organisme est donc impropre pour désigner l'entité vivante lichénique – même corrigée par l'adjectif composite qui l'accompagne souvent dès qu'il s'agit des lichens. Et la notion d'espèce rencontre également ses limites, notamment parce que l'existence dividuelle

---

16. À vrai dire, l'étude d'associations entre les micro-organismes et les racines des plantes ne faisait que commencer avec l'observation des relations entre les Nostoc et les Cycadées. Albert Frank décrit dès 1885 la colonisation des racines des chênes ou des noisetiers par les champignons truffiers et observe la présence de structures composites racines-champignons qu'il nomme mycorhizes, dont on sait aujourd'hui qu'elles jouent un rôle essentiel dans la croissance des plantes, mais dont les propriétés n'ont commencé à être comprises que dans les années 1950.

du lichen rejaillit sur les procédures d'identification et de la classification du vivant. Faut-il attacher chaque lichen aux deux noms des espèces d'algues et de champignons qui le composent – ce qui n'est guère commode dans une systématique générale –, ou faut-il lier le lichen au seul nom du champignon, ce qui contrevient à la réalité ontologique des lichens aussi bien qu'aux manières concrètes de les identifier ? Et comment penser les associations des Cycadées et des Nostoc ou celle des Azolla avec les algues vertes ? Ces difficultés, nées avec la découverte d'Anton de Bary sont aujourd'hui décuplées, puisque la systématique contemporaine repose sur la phylogénie. Or les symbiotes (qui dans le cas des lichens sont considérés aujourd'hui comme étant trois) [17], sont non seulement porteurs d'histoires évolutives antécédentes divergentes, mais appartenant à des règnes différents…, la composition du règne végétal ayant volé en éclat dans l'intervalle.

Dans *De la symbiose*, Anton de Bary ne traite d'aucun de ces problèmes théoriques, se contentant d'indiquer par l'exemple, comme en un geste déictique refondateur, les limites logiques des concepts usuels, et suggérant, à partir de l'analyse de ses observations, une piste de refondation des sciences de la vie. L'association lichénique est un contre-exemple, opposable à la fois aux précompréhensions rigides des notions d'espèce, d'organisme, d'individu ou même de végétal, et aux conceptions grossières de la sélection naturelle. Contrairement à Frank, Anton de Bary ne réserve donc pas le terme de « Symbiotismus » aux lichens, il s'appuie sur l'association lichénique pour montrer la nécessité de repenser l'ensemble des relations entre les êtres vivants en partant de la notion générale de « formes de vie en commun », la symbiose, laquelle peut être antagoniste ou mutualiste. Non content de ce coup de force sémantique, Heinrich Anton de Bary propose *in fine* de faire du concept de symbiose le nom donné à toutes les formes de socialités interspécifiques.

Cet appui extrêmement robuste sur l'observation lui autorise une réflexion abductive qui lui permet d'introduire un nouveau modèle relationnel emprunté au champ politique, et de redéfinir et circonscrire par contrecoup les concepts déjà en usage. Cette manière de procéder a des conséquences retentissantes sur l'interprétation de la sélection naturelle, surtout à une époque où manque encore la compréhension des mécanismes de la variation. Le concept propre et englobant des relations entre les organismes devenant celui de « vie en commun », ou de symbiose, le parasitisme n'apparaît plus que comme un mode de liaison caractérisé par le déséquilibre, et la prédation comme une relation parmi d'autres. Anton de Bary renverse délibérément l'usage qui consonne si aisément avec les préconceptions économicistes, individualistes, et finalement fautives, de la « lutte pour l'existence ». Ce n'est évidemment pas par hasard qu'il inclut judicieusement des remarques sur *Utricularia*, plante carnivore vivant sur les Broméliacées et observée avec Francis Darwin [18]. *De la symbiose* invite à déployer la « théorie de la descendance » à partir d'un principe relationnel, c'est-à-dire partant de la vie en commun pour penser les dynamiques de transformation graduelle des espèces. Il n'est pas excessif en

▨ 17. En 2016, une équipe de l'Université du Montana a mis en évidence l'existence d'une levure vivant en compagnie des algues et des champignons dans les symbioses des lichens, T. Spribille et *al.*, « Basidiomycete yeasts in the cortex of ascomycete macrolichens », *Science* 353, 2016, p. 488- 492.
▨ 18. *Utricularia nelumbifolia*.

tout cas de soutenir que la symbiose ainsi posée a faillé la théorie de l'évolution jusqu'à aujourd'hui en au moins deux grandes versions et traditions, une première, fidèle au modèle malthusien et à une compréhension étroite de la descendance, et une seconde admettant par exemple à l'inverse les phénomènes de sélection de groupe et les considérant comme nodaux [19]. Quoiqu'il en soit, la conclusion de *De la symbiose* est sans appel : « vivre ensemble », selon de multiples modalités, doit être considéré comme un avantage sélectif. Cela ne signifie évidemment pas que la sélection favorise les modifications d'une espèce qui seraient à son détriment et au bénéfice d'une autre, idée absurde, mais que les bénéfices mutuels font partie des possibles de la sélection. Dit autrement, le vivant est traversé de dynamiques co-évolutives qui assurent son devenir. En ce sens, la conférence d'Anton de Bary doit être rapprochée de travaux d'Ernst Haeckel lorsqu'il crée en 1866 le néologisme d'écologie pour remplacer l'expression d'économie de la nature [20]. De ce point de vue, l'une des conditions essentielles de la vie des organismes dans leur ensemble (et pas de leur survie individuelle) est le principe général de leur socialité. La capacité singulière de lutte, et plus encore la prédation, ne sont propres qu'à certains organismes dans certaines de leurs relations, et en l'occurrence elles sont rares chez les végétaux. Et l'on sait maintenant que les plus grands prédateurs partagent leur forme de vie avec toutes sortes de micro-organismes dans des relations de bénéfices mutuels sans omettre d'autres modes de socialité, comme celle qui lie les loups et les corbeaux [21].

Le sens très fort donné par Anton de Bary au concept de symbiose trouvera une nouvelle jeunesse dans les années 1960. Non pas comme terme englobant l'ensemble des socialités mais comme processus essentiel présidant à l'architecture du vivant. Dans un contexte où dominait un néo-darwinisme orthodoxe, Lynn Marguilis a défendu la théorie selon laquelle les mitochondries et les plastes des cellules eucaryotes provenaient de cellules procaryotes endosymbiotes [22]. Les analyses génétiques récentes des micro-organites sont venues étayer cette idée : la symbiose est considérée aujourd'hui comme un processus majeur ayant commandé l'architecture de l'un des embranchements les plus anciens du vivant et comme travaillant incessamment tout l'ensemble ; elle est jugée comme un moteur essentiel de l'évolution.

19. Rappelons aussi cette autre phrase de Charles Darwin, si souvent citée (mais pour d'autres raisons) : « Si une tribu compte beaucoup de membres qui sont toujours prêts à s'entraider et à se sacrifier au bien commun, elle doit évidemment l'emporter sur la plupart des autres tribus. Ceci constitue aussi un cas de sélection naturelle », Ch. Darwin, *La descendance de l'homme et la sélection sexuelle*, trad. fr. E. Barbier, Paris, Librairie C. Reinwald-Schleicher Frères, 1874, p. 166.

20. E. Haeckel, *Generelle Morphologie der Organismen*, Berlin, Reimer, 1866.

21. Le modèle de la socialité pour penser les relations interspécifiques est si répandu aujourd'hui que M.-A. Selosse, spécialiste de la microbiologie des sols a intitulé récemment l'un de ses livres de vulgarisation *Jamais seul*, s'attirant l'ironie du postfacier de l'ouvrage, Fr. Hallé, remarquant « que la compagnie des microbes » ne lui suffisait pas ; M.-A. Selosse, *Jamais seul. Ces microbes qui construisent les plantes, les animaux et les civilisations*, Arles, Actes Sud, 2017, p. 340 ; pour une approche philosophique de l'individualité biologique comme écosystème ou encore comme holobionte, selon le concept forgé en 1991 par L. Marguilis pour l'entité symbiotique mais qui désigne aujourd'hui l'ensemble de l'organisme et du microbiote, cf. Th. Pradeu, *Les limites du soi. Immunologie et identité biologique*, Montréal-Paris, Presses universitaires de Montréal-Vrin, 2009 ; concernant les loups et les corbeaux, D. Stahler, B. Heinrich et D. Smith, « Common ravens, Corvus corax, preferentially associate with grey wolves, Canis lupus, as a foraging strategy in winter », *Animal Behaviour* 64, 2002, p. 283-290.

22. L. Marguilis, *Origin of Eukaryotic Celles*, London, Yale University Press, 1970.

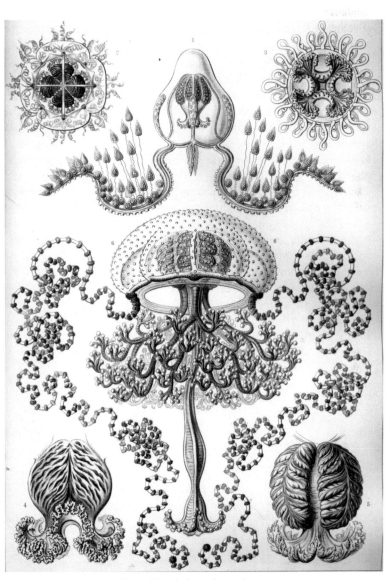

Ernst Haeckel, *Anthomedusae*
Kunstformen der Natur, planche 46
(Source : Wikimedia Commons)

La manière d'Anton de Bary a sans doute permis au terme et à la notion de symbiose de rester dans le temps long des sources et des leviers d'opposition aux raideurs théoriques des sciences de la vie. Elle n'est dépourvue ni de tactique, ni d'imaginaire et pourrait même être caractérisée comme une mimétique lichénique : défaire les concepts par colonisation et les reconfigurer à partir de nouvelles observations sans les vouer pour autant à la disparition ; poser des faits et suggérer une réorganisation du champ du savoir plutôt que de réfuter ou de combattre frontalement des fausses croyances ; ou encore, introduire une notion dans un filet de conceptualités qui n'avaient pas été pensées pour elle et les métamorphoser, qu'il s'agisse de celles d'espèce, d'organisme ou d'individu, ou du vocabulaire et des images économistes charriées alors par la théorie de l'évolution. La force de cet article séminal tient ainsi à son mélange de sobriété rhétorique, de puissance conceptuelle et d'imaginaire symbiotique.

Si l'on devait tirer une leçon d'un transfert retour du concept de symbiose des sciences de la vie vers le politique, il faudrait le lester de ce qui lui donne son sens biologique : une symbiose n'est pas un modèle de dissolution ou d'indifférenciation, moins encore une confusion effusionnelle – sentimentale – des modalités relationnelles. L'apparition de nouvelles « formes de vie en commun » sont à l'inverse le fruit de coévolutions complexes, de différenciations fines. Paradoxalement, un modèle politique symbiotique reposerait donc non pas sur moins de médiation, mais bien davantage, et une grande diversité d'expériences hasardeuses inscrites dans une temporalité longue pour favoriser des ajustements multiples. Encore Anton de Bary admet-il deux modes de symbiose, la symbiose antagoniste et la symbiose mutualiste. C'est dire assez la simplification mortelle des mots d'ordre de « vie avec le virus » dont la pandémie de Covid 19 a été l'occasion.

Aliènor Bertrand

DE LA SYMBIOSE [1]

Heinrich Anton De Bary

Lorsque je voulus choisir un sujet pour cette conférence, j'étudiais deux plantes qui vivent dans une association particulière. Ceci me donna l'idée de prendre pour sujet les phénomènes de la vie en commun d'organismes différents, la *symbiose*, comme on peut appeler les associations qu'on a appris à connaître en quantité considérable depuis dix ans, et qui sont bien propres à éveiller l'intérêt général. Après réflexion, je m'arrêtai à ce projet, car quoique nos réunions aient pour but principal la discussion des questions du jour, la critique et l'exposé des méthodes scientifiques, vous voudrez bien accepter aussi un exposé sur des résultats concrets de recherches d'intérêt général.

Je m'occuperai principalement des faits observés dans le règne végétal ; en premier lieu, parce que les conditions d'association y sont plus faciles à observer, et ensuite parce que les phénomènes correspondants qu'on trouve dans le règne animal sont connus des personnes présentes, ou peuvent être lus dans le livre si répandu de van Beneden sur *Les Commensaux et les Parasites*.

Le temps qui m'est accordé ne me permettant pas d'épuiser mon sujet, je me contenterai d'en indiquer les points principaux, en les éclaircissant par quelques exemples appropriés.

L'exemple le plus connu et le plus parfait de symbiose est le parasitisme complet, c'est-à-dire l'état dans lequel un animal ou une plante naît, vit et meurt sur ou dans un organisme appartenant à une autre espèce. Cet organisme sert d'habitation au parasite, lui fournit sa nourriture ; en un mot, il est son hôte et comme sa matière vivante, ou bien ce qu'il absorbe pour sa propre nutrition sert de nourriture au parasite : celui-ci vit à ses dépens.

Les rapports existants entre le parasite et l'hôte sont, comme on sait, très différents suivant les cas particuliers.

Au point de vue de la dépendance plus ou moins complète du premier vis-à-vis du second, on rencontre d'abord le cas extrême où le parasite ne peut absolument pas exister sans l'hôte. Certains parasites sont absolument liés à des hôtes différents, mais déterminés pour les différentes phases de développement, comme les Cestodes, les Champignons de la rouille sur le *Berberis*, les Borraginées et les Graminées. D'un autre côté, il y a des parasites qui non seulement s'établissent chez des hôtes très différents, mais qui peuvent aussi, du moins à certaines époques de leur vie, exister sans hôte, tels que plusieurs épizoaires qui sucent le sang, et, parmi les champignons, plusieurs parasites d'insectes. Le Champignon de la Muscarine, par exemple, n'épargne guère aucune espèce d'insecte lorsqu'il la rencontre au moment propice ; mais il peut aussi croître en liberté, sans hôte, et produire des spores qui atteindront de nouvelles victimes. Tous les degrés intermédiaires existent entre ces deux cas extrêmes.

■ 1. Extrait d'un discours prononcé devant l'Association des naturalistes allemands. Traduit du *Naturforscher*. https://www.biodiversitylibrary.org/page/14401381#page/315/mode/1up.

Un autre point à considérer dans les relations du parasite et de l'hôte, est le tort que le premier fait au second à mesure qu'il se développe. Il y a antagonisme, lutte, entre ces deux organismes, d'après les conditions de nutrition du parasite ; la marche et le résultat de cette lutte diffèrent aussi beaucoup : d'un côté des masses colossales de certains parasites ne produisent qu'un malaise imperceptible chez leur hôte, par exemple chez de nombreux poissons ; d'un autre côté, la maladie et la mort peuvent être les suites immédiates de la végétation du parasite, comme dans la trichinose des hommes, ou dans le cas des pommes de terre infectées par les *Philopteri*.

Il existe cependant d'autres relations d'association entre des organismes de noms différents, qui se rapprochent du parasitisme par la forme, qui sont souvent rangées dans cette catégorie, et qui pourtant en diffèrent essentiellement.

Beaucoup de petits animaux vivent sur des animaux plus grands et se nourrissent de leur détritus, des parties de l'épiderme qui se desquament, des plumes, des cheveux, etc., tels que les nombreuses espèces de *Trichodectes* et de *Philopteri* ; de la sécrétion mucilagineuse de la peau des poissons, tels que les *Arguli*, etc. Ce sont les *mutualistes* de van Beneden ; ils sont, avec les hôtes qu'ils habitent, dans des rapports d'utilité mutuelle ; en vivant des détritus de leur hôte, ils prennent soin de sa toilette.

D'autres petits animaux se logent sur de grands animaux ou dans leur proximité pour se nourrir des miettes qui tombent de la table du riche, des restes des aliments que le grand animal sait se procurer. Ce sont les *commensaux* de Van Beneden.

Il est clair qu'il existe des analogies entre tous ces phénomènes et le parasitisme véritable ; il y a aussi des degrés intermédiaires.

Dans le règne végétal, les phénomènes des deux dernières catégories sont plus rares. Cependant une étude attentive y fait découvrir des dispositions qui se rapprochent du mutualisme de van Beneden, dans la forme de végétation qu'on nomme la forme *épiphytique*, qui est si richement représentée dans le monde des tropiques par des centaines d'Orchidées, d'Aroïdées, etc. ; plantes attachées à l'écorce des troncs d'arbres et utilisant les divers produits de la desquamation de cette écorce. Nous trouvons partout ce fait dans notre pays, dans les Mousses croissant sur les écorces – pour ne pas parler d'espèces plus petites – des plantes qui choisissent les desquamations de l'écorce et du liber des arbres pour lieu d'habitation, les unes sans grande préférence pour une essence particulière de bois, les autres en choisissant toujours la même.

Toutes les espèces mentionnées, étant des plantes pourvues de chlorophylle, sont, à un haut degré, indépendantes de leurs hôtes sous le rapport de la nutrition. On pourrait tout au plus considérer ces végétaux comme des commensaux ; mais ce terme s'applique à toutes les plantes non-parasites croissant dans le même endroit et devant se partager l'acide carbonique, l'eau et les matières nutritives du sol. Dans le sens précis qu'y attache van Beneden, il ne peut pas y avoir de commensalité dans le règne végétal.

Cela suffit déjà pour qu'on ne puisse pas établir un parallélisme rigoureux entre les phénomènes des deux règnes ; il y a, de plus, parmi les plantes, d'autres cas d'associations entre espèces de noms différents, qui ne peuvent pas être rangées dans les catégories mentionnées.

L'association de l'*Azolla* et de *Anabæna* en est un exemple.

Azolla est le nom d'un genre de végétaux ressemblant aux Fougères ou à de grandes Mousses foliacées, et qui croît à la surface de l'eau, comme nos Lemnacées. La tige, très ramifiée et pourvue d'abondantes racines, est garnie de deux rangées de feuilles rapprochées et couchées horizontalement sur l'eau. Chaque feuille a deux lobes superposés et étalés à la surface de l'eau. En dehors d'une particularité tout à fait exceptionnelle, la structure de ces plantes ne diffère pas beaucoup de celle d'autres végétaux ayant le même genre de vie. Sur la face inférieure (tournée vers l'eau) du lobe foliaire supérieur, il existe une étroite ouverture conduisant dans une cavité relativement spacieuse, tapissée de poils particuliers. Dans cette cavité vit une algue d'un vert bleuâtre, consistant en une simple rangée de cellules de forme cylindrique, allongées, entourées de gelée, telles qu'on les trouve dans plusieurs groupes appartenant à la famille des Nostoccacées, et surtout dans les *Anabæna*. À mesure que les vieilles feuilles meurent, l'*Anabæna* qu'elles renferment meurt aussi, autant qu'on a pu l'observer. Il n'y a pas d'autres Algues dans ses cavités. Comment ce singulier visiteur entre-t-il dans chaque feuille sans exception, et d'où vient-il? On le cherche toujours en vain à l'extérieur de la plante, sur les feuilles adultes et même à l'entrée de la cavité.

Il n'y a qu'un endroit où on le trouve encore : un peu au-dessous de l'extrémité du rameau, qui croît toujours en longueur, comme dans toutes les plantes de la même famille, et qui produit de nouvelles feuilles et de nouveaux rameaux. Cette extrémité est recourbée en forme de crochet tourné vers le haut ; il se trouve donc, peu au-dessous d'elle, un espace concave, entouré par les mamelons des feuilles et des rameaux. Cet espace concave est aussi habité par l'*Anabæna*. Elle se trouve au-dessous de l'extrémité de chaque rameau naissant, et va occuper immédiatement la place indiquée. Les jeunes feuilles sont appliquées contre l'Algue ; le lobe supérieur est plat au début, mais bientôt se montre à sa face inférieure un renflement en forme de bourrelet annulaire, qui s'agrandit rapidement et devient la cavité avec son orifice. Dès que ce renflement commence à se former, une partie de l'Algue est enfermée à son centre, et poursuit ensuite sa croissance dans la cavité. À mesure que la tige se redresse, cette portion foliaire de l'*Anabæna* est éloignée et isolée de son lieu d'origine. J'ai déjà dit qu'ainsi que le constatent Mettenius et Strasburger, à qui nous devons la description exacte de ces détails, il n'y a pas de feuille sans cette cavité, pas de cavité sans *Anabæna*. Ce qui suit n'est pas moins remarquable : on connaît quatre espèces du genre *Azolla*, qui se ressemblent beaucoup, mais qui sont nettement distinctes par la fructification. Deux de ces espèces sont très répandues en Amérique et en Australie ; la troisième se trouve en Australie, en Asie et en Afrique ; la quatrième est, autant qu'on le sait, limitée à la région du Nil. Dans toutes ces espèces et dans tous les exemplaires qu'on a étudiés, on a trouvé cette association avec l'*Anabæna* telle qu'elle a été décrite, et tellement identique dans tous les détails, qu'il n'a pas été possible jusqu'à présent de distinguer les espèces d'*Anabæna* d'après les *Azolla* sur lesquels elles vivent.

Il y a nombre de cas dans lesquels des espèces voisines de l'*Anabæna* et de l'*Azolla*, décrites ordinairement comme des Nostocs, sont hébergées par des plantes terrestres, également dans des cavités appropriées, mais toujours avec moins de régularité que dans les exemples que nous venons de citer ; elles peuvent être absentes et peuvent venir du dehors dans une période plus avancée du développement. Je veux en citer comme exemple les racines du *Cycas*. Cette plante, qui croît lentement, commence par pousser dans sa jeunesse une épaisse racine pivotante, qui se ramifie dans et sur le sol comme d'autres racines. À son extrémité inférieure, se forment plus tard généralement, peut-être toujours, une ou deux paires de racines, qui s'élèvent perpendiculairement, se bifurquent encore une ou deux fois, et se renflent aux extrémités. Des racines dichotomes pareilles naissent plus tard, souvent en grande quantité, et très près les unes des autres, sur les ramifications du pivot de la racine, et s'étendent sur le sol. Fréquemment, mais pas toujours, un Nostoc pénètre entre les cellules de ces racines dichotomes, et alors se produit un changement caractéristique dans leur structure. Sous leur écorce se forme une couche parenchymateuse qui diffère peu de celle des racines non-visitées par le Nostoc. Bientôt cette couche prend la forme d'une voûte, portée par de minces solives, entre lesquelles se trouvent de larges interstices. Les solives sont les cellules très allongées de la couche parenchymateuse. Les interstices sont remplis par l'Algue, qui croît abondamment.

C'est encore un cas particulier d'association ; on en connaît beaucoup d'autres, mais qui ne sont pas aussi remarquables.

Il existe toute une forme de végétation, un groupe étendu de végétaux, comprenant des milliers d'espèces, dont tous les individus présentent non seulement l'association de deux ou trois espèces différentes, mais qui même ne sont constitués que par cette association : je parle des formes connues sous le nom de *Lichens*, parmi lesquels chacun connaît sans doute la Mousse des Rennes, la Mousse d'Islande, etc. Tout le monde a vu aussi comment ils recouvrent quelquefois en immenses quantités la surface des rochers, la terre de bruyère, les troncs d'arbres, etc.

Nous avons tous appris à l'école que les Lichens sont des plantes cryptogames ; que leur mode de fructification a beaucoup d'analogie avec celui des Champignons Ascomycètes ; que leur structure est aussi très semblable, sauf en ce qu'ils renferment toujours des cellules pourvues de chlorophylle, que les Champignons ne possèdent pas. Par suite de cette particularité de structure, le Lichen s'assimile de l'acide carbonique et peut végéter sur des roches nues et sur d'autres substratums privés de combinaisons organiques carbonées ; tandis que le Champignon dépourvu de chlorophylle doit chercher sa nourriture dans des combinaisons organiques.

Les masses de cellules vertes qui caractérisent les Lichens ont eu le sort le plus accidenté dans l'histoire de la science, jusqu'à ce qu'il fût démontré, il y a dix ans, qu'elles ne sont pas véritablement des parties de la plante ayant le mode de fructification du champignon, que ce sont des Algues qui vivent et croissent dans ou sur certains Champignons et n'existent pas en dehors de cette association particulière. Une espèce déterminée de Champignon et une espèce déterminée d'Algue forment chaque fois par leur association un Lichen déterminé ; sans cette association, il n'y aurait pas de Lichen. Lorsqu'on sème, dans de bonnes conditions, les spores abondamment produites par les fruits du Lichen, il ne pousse que de petits Champignons qui périssent bientôt, et qui ne peuvent devenir d'autres Lichens, à moins qu'ils ne trouvent l'Algue qui leur est nécessaire pour former une nouvelle association. Chaque espèce de Champignon-Lichen ne s'unit qu'avec quelques espèces ou avec une seule espèce d'Algues ; parmi celles-ci, beaucoup d'espèces, toutes unies par d'étroits liens de parenté, entrent dans ces associations.

Cependant leur nombre est moins grand que celui des espèces de Champignons formant des Lichens, et que celui des formes des Lichens correspondantes ; car il est certain, d'après les heureuses synthèses de Stahl, qu'une même espèce d'Algue peut servir à plusieurs, peut-être même à beaucoup d'espèces de Champignons pour former autant d'espèces différentes de Lichens. J'aurai encore à revenir sur la forme de l'association et sur les rapports des différents associés.

Lorsqu'on observe de plus près les phénomènes dépeints à grands traits, on trouve, chez les *Azolla* et les Cycadées, aussi bien que chez les Lichens, une étroite association d'espèces de noms différents, mais nulle part on ne constate un arrangement qui puisse être classé dans une des catégories citées au début de cette étude. Pour des raisons déjà exposées, on ne peut pas strictement parler de commensalisme. De parasitisme aussi peu.

Les *Anabæna* des *Azolla*, le Nostoc des racines des Cycadées, habitent, il est vrai, des endroits déterminés ; mais ils ne vivent pas aux dépens de leur hôte ; il n'y a même aucune preuve qu'ils tirent quelque chose de lui. Le Nostoc des Cycadées peut végéter et prospérer librement dans l'eau, sans avoir ce logis. L'*Anabæna* des *Azolla* paraît aussi pouvoir végéter dans l'eau sans hôte vivant, quand on l'a artificiellement isolé ; mais on n'est pas encore bien fixé à cet égard. On pourrait l'admettre *a priori* pour lui, aussi bien que pour le Nostoc, non seulement parce qu'il a la structure des plantes chlorophyllées, pouvant exister sans *substratum* organique, mais encore parce que nous connaissons une multitude d'espèces qui lui ressemblent exactement, qui ne croissent pas dans des hôtes vivants, mais qui vivent librement dans l'eau ou dans le sol.

On pourrait encore employer le terme de *mutualisme* pour désigner le mode d'existence des Nostocs dont nous venons de parler, si l'on est d'accord que l'hôte et l'intrus se rendent quelques services réciproques. Il est fort douteux cependant que ce soit le cas. Nous pouvons affirmer qu'ils ne se nuisent pas sensiblement, car dans ce cas l'association ne pourrait exister. Que l'hôte protège la petite Algue sous bien des rapports, cela est plus que probable. Mais, pour le moment, nous n'avons encore aucune idée d'un service réciproque quelconque qu'ils puissent se rendre.

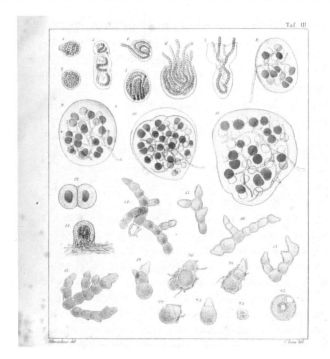

Simon Schwendener, *Die Algentypen der Flechtengonidien.*
Programm für die Rektoratsfeier der Universität, ed. C. Schulze,
Bâle, Presses de l'Université de Bâle, 1869, p. 42.

Figs. 1-7. (x500) POLYCOCCUS PUNCTIFORMIS
Différents stades de développement des colonies. Les figures 1, 2, 5 représentent les
états normaux, les autres des états de développement moins fréquents

Figs. 8-11. (x1000) GLOEOCAPSA
Colonies plus ou moins grandes, transformées en un tissu ressemblant à l'Omphalaria
par la pénétration de fibres fongiques.

Fig. 12. (x500) PHYLLISCUM ENDOCARPOIDES
12 (x500) Une gonidie après division, identique à Chroococcus turgidus Ktz.

Fig. 13. PANNARIA TRIPTOPHYLLA
13 (x500) Squamule de Thalle cortiqué = apparition d'algues envahissantes sur ce
qu'on appelle le protothalle du lichen. Squamule de thalle corticale = groupe d'algues
en surnombre sur le prothalle du lichen

Figs. 14-19. (x600) ROCCELLA FUCIFORMIS
Groupes de gonidies, identiques à Chroolepus. Les groupes multicellulaires ont été
préférentiellement dessinés, bien que les plus simples, comme ceux de la figure 19,
soient nettement plus fréquents.

Figs. 20-23. (x500) CHROOLEPUS UMBRINUM
Cellules plus ou moins intensément envahies. Dessin d'après un spécimen original
de Kützing.

Fig. 24. PLEUROCOCCUS VULGARIS
24 (x500) Groupe de quatre cellules filles.

Fig. 25. CYSTOCOCCUS HUMICOLA
25 (x500) Cellule unique avec noyau et zone claire excentrée

Chez les Lichens, du moins chez la plupart d'entre eux, les relations d'utilité sont encore autres et diffèrent de même des relations observées chez les animaux. Pour quelques-uns, on peut parler de véritable parasitisme, parce que le Champignon, étant le plus petit, établit sa demeure dans ou sur l'Algue, et vit en grande partie à ses dépens ; mais même dans le cas le plus favorable le terme n'est pas rigoureusement exact. Chez la plupart des Lichens, les circonstances sont tout autres. L'Algue est en général apte à exister seule. On peut non seulement l'isoler artificiellement et la voir croître et se propager seule, mais on la trouve fréquemment dans la nature sans qu'elle fasse partie d'un Lichen. Il en est autrement pour le Champignon des Lichens. Il ne peut pas se développer seul, comme il a déjà été dit, et périt bientôt s'il ne trouve pas une Algue, parce que, pour sa croissance, il a besoin de l'acide carbonique que celle-ci s'assimile ; mais il ne s'établit pas simplement sur ou dans l'Algue, il l'enveloppe de son corps, et prend alors une telle extension, que dans la plupart des Lichens il forme de beaucoup la plus grande partie de la masse commune ; l'Algue n'en est qu'une petite fraction, un dixième, moins encore. D'après le volume, le Champignon serait donc l'hôte, et l'Algue le locataire. Mais l'hôte dépend du locataire pour vivre – ce qui se voit souvent dans le monde. Le locataire est, par conséquent, traité avec beaucoup d'égards ; non seulement sa croissance n'est pas empêchée, mais encore elle est plus favorisée qu'à l'état d'isolement ; elle reste en accord avec celle du Champignon. Enfin, celui-ci se charge non seulement de fixer le corps au substratum, en pénétrant quelquefois profondément dans la pierre dure, mais il procure encore à la communauté les éléments nécessaires pour former les axes.

Nous ne pouvons pas entrer dans plus de détails concernant la structure et l'économie si intéressantes des Lichens ; mais ce qui précède suffit à démontrer qu'ils offrent beaucoup de phénomènes qui se rapprochent du parasitisme, du mutualisme, etc., pour ce qui est de l'association d'espèces différentes d'organismes, mais qu'ils sont bien trop variés pour se laisser ranger dans les catégories adoptées. Le parasitisme, le mutualisme, le lichénisme sont chacun un cas spécial de cette tendance à l'association, pour laquelle le terme de *symbiose* est proposé comme désignation générale. Veut-on distinguer des catégories principales ? On pourrait en indiquer deux : la *symbiose antagoniste*, dans laquelle il y a lutte, et la *symbiose mutualiste*, dans laquelle il y a avantage réciproque pour les symbiotes ; mais ici encore on ne peut pas tracer de limites exactes.

Les limites font encore défaut s'il s'agit de séparer l'association des symbiotes, qui sont strictement unis pour leur économie commune, et les relations si diverses, qu'on peut rassembler sous le nom de *sociabilité*. Un oiseau du Mexique, le Commandeur, se pose sur le nez du buffle enfoncé dans la vase, guette les mouches qui veulent entrer dans les narines de l'animal. Dans les montagnes des Orgues, au Brésil, sur d'arides pentes de roches, vit une plante aquatique, phanérogame, chlorophyllée et probablement insectivore, l'*Utricularia nelumbifolia*. Elle croît exclusivement dans l'eau, enfermée dans le centre infundibuliforme des rosettes foliaires d'une Broméliacée très commune dans ces régions ; elle émet, à peu près comme le fraisier, des stolons qui, parvenus sur une autre rosette, produisent une nouvelle plante, de laquelle naissent de nouveau des fleurs et des stolons. Ce sont là des associations qui ressemblent certainement à celles que nous avons comprises sous le nom de *symbiose*, mais on ne peut leur appliquer ce nom que si on le donne également à toutes les autres relations, telles que celles qui existent entre les insectes qui entrent dans les fleurs, et les fleurs qui reçoivent le pollen par les insectes, entre les animaux qui cherchent leur nourriture ou un abri et les autres animaux ou les plantes qui les leur procurent. Je n'ai aucune objection à faire contre cette généralisation, je me suis efforcé de montrer que tous ces phénomènes se touchent.

Ainsi disparaît la position exceptionnelle que les parasites paraissent occuper si on les observe en dehors de toute connexion, même en rejetant les anciennes opinions qui les font naître des sucs ou des tissus pourris de leur hôte. Les Lichens aussi perdent leur position exceptionnelle à première vue.

Lorsque le Nostoc pénètre dans les racines dichotomes des Cycadées, la structure de celles-ci change, comme nous l'avons dit. Dans le parenchyme compacte des racines se produisent de grands interstices qui logent le visiteur, et qui sont formés par une direction particulière de la croissance du tissu, ne se manifestant pas dans les racines où il n'y a pas de visiteur. Nous avons vu quelque chose d'analogue, mais de bien plus frappant, chez les Algues et les Champignons qui forment des Lichens. Nous avons déjà dit ce que les Champignons ont de caractéristique. L'Algue est d'ordinaire considérablement transformée dès qu'elle s'unit à son compagnon. Les directions de la croissance, dont dépend la forme, sont changées. Une tige gélatineuse plate ou un peu sphérique, telle qu'en forment par exemple les Algues nostocs des Lichens gélatineux, se ramifie régulièrement en un corps frutescent. Les cellules chlorophyllées, rondes ou allongées, des *Pleurococcus* et des *Stichococcus* changent de forme dès l'arrivée du Champignon-Lichen. Les directions de leur division peuvent changer, même plusieurs fois, à mesure que plusieurs Champignons entrent dans l'association.

Dans ces plantes et dans les Cycadées il ne peut être question de changements pathologiques, non seulement parce qu'on n'est pas d'accord sur ce qu'il faut entendre par santé et maladie, mais encore parce qu'il n'y a pas trace de diminution de l'énergie vitale, de mort plus hâtive, ni d'autres indices d'un état maladif. Les synthèses de Stahl ont démontré, au contraire, que les cellules des Algues deviennent, aussitôt après leur association avec le champignon du Lichen, beaucoup plus grandes, plus riches en chlorophylle, plus fortes sous tous les rapports, et il est hors de doute, par les faits connus de longue date, relativement à la structure des Lichens, que cela persiste pendant toute la vie, quelquefois longue de plusieurs dizaines d'années, du Lichen.

Ici, et dans bien d'autres cas que j'aurais pu citer comme exemples, on voit se produire des variations dans les formes, qu'on ne peut expliquer pathologiquement par les rapports mutuels de symbiotes de noms différents, et l'expérimentateur peut à volonté empêcher ou faire apparaître ces variations par la séparation ou la réunion des symbiotes. Mais, comme les phénomènes que nous avons compris sous le nom de *symbiose* ne sont que des cas spéciaux des nombreux rapports mutuels qui existent entre les organismes, ils peuvent nous servir à formuler un jugement sur la généralité. En eux-mêmes, ces phénomènes sont peu importants, et il a pu paraître superflu à quelques personnes d'attirer l'attention sur eux ; ils ont cependant une grande valeur, parce qu'ils se prêtent aux expériences.

On a souvent reproché à la théorie de la descendance de n'être pas basée sur des expériences ; cette accusation est fausse ; car, dans l'élevage des animaux et dans la culture des plantes, nous trouvons des essais importants qui viennent à l'appui du principe de cette théorie. Quelle que soit l'importance qu'on veuille attacher à la sélection naturelle pour la transformation graduelle des espèces, il est désirable de voir s'ouvrir encore un autre champ aux expériences ; c'est pourquoi j'ai voulu appeler l'attention sur celles-ci, quoiqu'elles ne puissent éclaircir qu'une partie des phénomènes. Je n'ai parlé d'aucune observation nouvelle ; tous les faits que j'ai cités sont bien connus. Les preuves à l'appui de la théorie dont nous avons parlé nous apparaissent partout. On n'a qu'à regarder attentivement autour de soi.

Heinrich Anton De Bary
Professeur à l'Université de Strasbourg

SITUATIONS

ENTRETIEN AVEC PIERRE-HENRI GOUYON

Aliènor Bertrand : Pourriez-vous nous indiquer ce qu'il en est aujourd'hui de la notion d'espèce en biologie ? Ses difficultés, ses limites, conceptuelles, empiriques, sémantiques ? Quels sont les changements intervenus depuis l'élaboration de la première Théorie Synthétique de l'évolution dans les années 1940 ? Comment est pensé aujourd'hui le phénomène de spéciation ?

Pierre-Henri Gouyon : Pour expliquer la notion d'espèce, j'ai tendance à remonter nettement plus tôt que la nouvelle synthèse de l'évolution et les années 1940 parce que ce concept apparaît déjà dans la Genèse, et que c'est un vrai problème. Dans la Bible, le monde est créé et les espèces aussi. Linné part de ce modèle biblique lorsqu'il fabrique le premier système de la nature [1]. La nouvelle discipline qu'il invente alors, qui prend le nom de systématique, ordonne la biodiversité en regroupant les espèces en genres, en famille, en classe *etc.*, et, dans les espèces, en reconnaissant l'existence de sous-espèces et de variétés. Le système linnéen a évolué, il est vrai, mais il reste le nôtre dans ses grandes lignes. Or, en 1730, Linné présente le monde d'une façon extrêmement claire : il écrit que toutes les espèces ont été créées par la main du créateur tout-puissant et que les espèces sont éternelles et immuables [2] ; l'idée d'un monde totalement fixe et créé une fois pour toutes est un principe de départ ininterrogé. Le problème est que c'est une difficulté pour tout le monde, y compris pour les scientifiques, parce que l'on entend parler de la Genèse et d'Adam et Ève avant d'entendre parler de Darwin. Nos schémas mentaux sont construits sur cette vision extrêmement stable du monde vivant, et dans ce cadre-là les espèces sont pensées comme les entités de base de la diversité biologique. Beaucoup de gens voient donc la biodiversité comme la diversité des espèces, à laquelle, dans les définitions officielles, on ajoute la diversité dans l'espèce et la diversité des écosystèmes. Mais séparer ainsi la diversité dans les espèces de la diversité des espèces est évidemment une erreur. Dans la théorie darwinienne, les formes vivantes se différencient progressivement, et au fur et à mesure de cette différenciation apparaissent des formes que l'on

1. C. Linnæus, *Systema Naturae*, Leiden, Conrad Wishoff, 1735.
2. « Toutes les espèces tiennent leur origine de leur souche, en première instance, de la main même du Créateur Tout-Puissant, car l'Auteur de la Nature, en créant les espèces, imposa à ses créatures une loi éternelle de reproduction et de multiplication dans les limites de leur propre type. En fait, et dans bien des cas, Il leur accorde le pouvoir de jouer avec leur aspect extérieur, mais jamais celui de passer d'une espèce dans l'autre ; d'où les deux sortes de différences existant entre les plantes : l'une étant la différence vraie, la diversité née de la main sage du Tout-Puissant, mais l'autre la variation de la coquille extérieure due au caprice de la Nature. Qu'un jardin soit ensemencé de mille graines différentes, que le jardinier mette un soin constant à y cultiver des formes anormales et, en quelques années, le jardin comprendra 6 000 variétés que le commun des botanistes nomme espèces. Et ainsi je distingue les variétés du Créateur Tout-Puissant, qui sont les vraies, des variétés anormales du jardinier. Je considère les premières de la plus grande importance à cause de leur Auteur, je rejette les autres à cause de leurs auteurs. Les premières persistent et ont persisté depuis le début du monde, les autres, étant des monstruosités, ne peuvent revendiquer qu'une vie brève », C. Linnæus, *Critica botanica*, Leiden, Conrad Wishoff, 1737.

va appeler des variétés, qui, si elles se différencient encore davantage, donneront des espèces. Les limites entre ce niveau de variété/sous-espèce ou espèce sont des limites absolument arbitraires. Cette difficulté fonctionne comme un piège dans lequel les scientifiques eux-mêmes tombent très régulièrement. Je donne souvent comme exemple le fait qu'en 2019, dans le Courrier du CNRS, l'Institut d'Écologie et d'Environnement a publié un document indiquant que « les insectes forment aujourd'hui 90 % de la biodiversité terrestre non-microbienne ». Or il n'y a aucune bonne raison de soutenir cette idée : certes, on peut dire que 90 % des espèces sont des espèces d'insectes, mais dire qu'une espèce est une unité de diversité est juste faux. Si, en effet, on compare les plantes et les insectes, il y a 10 fois plus d'espèces d'insectes que d'espèces de plantes, mais chaque espèce de plante stocke beaucoup plus de diversité que chaque espèce d'insecte. Les insectes donnent très facilement naissance à une nouvelle espèce ce qui n'est pas le cas des plantes. En revanche, chez les végétaux, il peut y avoir des herbacées, des plantes arbustives, etc., au sein d'une même espèce. Les biais entraînés par l'usage de la notion d'espèce comme unité de diversité sont donc gravissimes et donnent une vision totalement fausse de la diversité, renforçant la prétention de trouver des critères objectifs qui permettent de décider ce que c'est qu'une espèce. En réalité, la décision de reconnaître tel ou tel rameau de l'arbre du vivant comme une espèce est un peu arbitraire : il n'y a pas de définition d'une espèce, il n'y a que des critères. Tout le monde est d'accord en revanche sur le fait qu'une espèce est effectivement un rameau de l'arbre du vivant qui s'est suffisamment différencié des autres et qui a une homogénéité suffisante pour que l'on ait envie de lui donner un statut fort dans la classification du monde vivant. Cette définition est celle que Guillaume Lecointre et moi-même avions proposée aux inspecteurs généraux de SVT pour revoir les programmes d'enseignement. Pourquoi apprendre aux enfants des choses fausses qui vont constituer des obstacles épistémologiques ensuite, y compris s'ils deviennent plus tard des scientifiques eux-mêmes ? Quand on enseigne aux élèves de sixième qu'une espèce est un ensemble d'individus qui se reproduisent entre eux et non avec les autres, comme si c'était totalement tranché, on leur apprend quelque chose d'inexact. On aimerait bien que les individus d'espèces différentes ne puissent pas se croiser, mais en réalité ils le peuvent fréquemment, et leurs descendants sont souvent fertiles. Les exemples sont légion, comme les tigres et les lions, les chèvres et les moutons (ovins et caprins sont classés au-dessus du genre pourtant) ou de nombreuses plantes comme les chênes sessile et pédonculé…

Si on analyse le diagramme de Darwin (*L'origine des espèces*, 1859), il faut remarquer qu'il fonctionne à toutes les échelles : pour décrire la différenciation des individus, des variétés, des sous-espèces, des genres. Ce qui compte est le processus, la dynamique, et ce sont les principes de ce système dynamique qui doivent être l'objet de l'attention, pas les entités elles-mêmes…

Toujours dans *L'Origine des espèces*, Darwin explique qu'il n'y a pas de démarcation entre les espèces et les sous-espèces, pas non plus entre les sous-espèces et les variétés bien marquées, et pas davantage entre les variétés moins marquées et les différences individuelles. Ces différences se fondent l'une dans l'autre dans une série « insensible » : il y a un *continuum*. Le niveau de l'espèce n'est pas particulièrement intéressant, ce n'est qu'un niveau parmi d'autres dans l'arbre général. Dans une lettre à un ami en 1860, Darwin confie un certain découragement :

Je suis souvent désespéré que la majorité des naturalistes simplement me comprennent. Des gens intelligents qui ne sont pas naturalistes et qui n'ont pas une conception bigote du terme espèce montrent plus de clarté d'esprit[3].

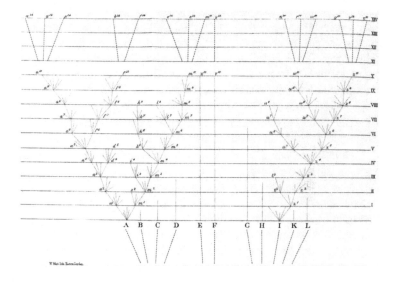

Diagramme de Darwin
(Ch. R. Darwin, *On the origin of species...*, London, Murray, 1859, p. 116)

Quant aux phénomènes de spéciation, ils sont très nombreux, et je ne suis pas sûr qu'il soit très important de les connaître tous en détail. L'étude successive de chaque processus produit une somme énorme de connaissances, sans que, dans cet ensemble, on arrive bien à identifier des principes globaux. Il existe en revanche des outils qui permettent de penser les choses globalement, particulièrement deux concepts qui ont été d'ailleurs développés plus ou moins indépendamment, l'un dans le domaine de la systématique et l'autre dans celui de la génétique. Du côté de la systématique, il s'agit de la phylogénie, c'est-à-dire de la reconstitution de l'arbre des formes vivantes, et en génétique ce sont les processus qu'on appelle coalescence, qui permettent de voir l'arborescence de la diversification des gènes. Or la systématique utilise maintenant les arbres de la génétique. Les deux approches ont convergé, et ces concepts de phylogénie et de coalescence donnent une bonne vision des principes de la diversité des êtres vivants, une vision temporelle et dynamique bien plus riche que celles d'espèces posées les unes à côté des autres, ou même que la connaissance des mécanismes qui leur permettent de se séparer. D'ailleurs si on discute beaucoup des espèces et de la spéciation, on ne dit presque rien de ce qui produit les genres ou les familles. Or il doit y avoir des processus très intéressants aussi à ces niveaux mais ce n'est pas dans l'air du temps de les

■ 3. Lettre de Ch. R. Darwin à J. D. T. Ansted, du 27 octobre 1860 : « I am often in despair in making the generality of *naturalists* even comprehend me. Intelligent men who are not naturalists and have not a bigoted idea of the term species, show more clearness of mind ». *in* A. C. Seward, *Darwin and modern science. Essays in commemoration of the centenary of the birth of Charles Darwin and of the fiftieth anniversary of the publication of* The origin of species, Cambridge, Cambridge University Press, 1909, p. 291.

étudier. Il faudrait pourtant décrire la diversification à toutes les échelles et pas seulement à celle des espèces, qui est une obsession religieuse des biologistes, les empêchant de voir l'ensemble du tableau. Ces entités sont essentialisées d'une façon assez curieuse, mais tellement facile…

Je voudrais ajouter que le diagramme de Darwin permet aussi de décrire les processus de différenciation des espèces domestiques qui se sont succédé pendant très longtemps. Depuis le néolithique, chaque paysan a cultivé des plantes et élevé des animaux de telle sorte que les formes ont évolué sous l'action d'une sélection du même ordre que celle qui se passe dans la nature. Darwin emprunte même l'idée de sélection à la description du travail des êtres humains. Je sais bien que de nombreux philosophes considèrent qu'il s'agit d'une métaphore, mais je pense que la plupart des scientifiques ne voient pas ça comme une métaphore mais comme une extension du concept. Darwin a découvert que le processus qu'on connaissait sous le nom de sélection quand il était exercé par les humains se produisait dans la nature sous l'action de contraintes écologiques permettant ou non à certains organismes de survivre et de se reproduire. Darwin a pris pour modèle la sélection exercée par les êtres humains : autrefois, chaque paysan faisait des choix avec ses propres critères dans les conditions écologiques de sa ferme, et dans chaque groupe de paysans, on échangeait des organismes : il y avait donc des pratiques qui amenaient à une sélection qui n'était pas la même d'un lieu à l'autre, pour des raisons aussi bien écologiques que culturelles. De ce fait, ces êtres vivants domestiques ont divergé et produit une immense diversité de formes. Ces processus agronomiques ont duré jusqu'à la seconde moitié du XXᵉ siècle. On a abandonné ces savoir-faire, ce qui est une autre histoire, mais il y avait là une diversité issue d'un processus de diversification qui fonctionnait aussi bien pour les formes domestiques que pour les formes naturelles sous l'action de la sélection faisant diverger des lignes constamment, de telle sorte que certaines lignées s'éteignent et que d'autres se maintiennent, que des échanges réintroduisent de la diversité dans chaque groupe, et progressivement, que se fabriquent des lignées de plus en plus divergentes.

AB : Vous êtes l'un des scientifiques les plus engagés sur les questions de défense du vivant, et depuis très longtemps. Pouvez-vous rappeler comment vous en êtes venu à soutenir les mouvements anti-OGM ?

PHG : J'ai une formation initiale d'agronome, mais à la fin de mes études, j'ai décidé de me spécialiser en génétique avec pour but de comprendre les mécanismes évolutifs ; ce qui m'intéressait était d'essayer de comprendre comment la nature avait produit les êtres vivants tels qu'ils sont, que ce soit nous, êtres humains, ou les autres, et pourquoi on avait un nez au milieu de la figure, pourquoi on se reproduit, pourquoi on meurt… Ces questions m'ont rapidement amené à buter sur des problèmes de société. D'une part parce que, quand on étudie l'évolution, on se heurte à des créationnistes. J'en ai eu parmi mes étudiants, même à l'Agro, – très peu à l'Agro en fait, mais ça arrivait quand même. Et d'autre part, ce choix de la génétique oblige à se confronter à tout le poids politique de l'histoire de la discipline. Au début du XXᵉ siècle, les sciences de l'hérédité et de l'évolution se sont trouvées dans une position catastrophique sur le plan social et politique, puisqu'elles ont servi de base à l'eugénisme et au nazisme. Il y a donc de réelles critiques à faire de la façon dont ces sciences se sont développées et ont été exploitées. Quand je dis que la génétique a servi de base à l'eugénisme, il faut se souvenir que tous les généticiens étaient eugénistes au début du XXᵉ siècle et même quasiment tous les scientifiques en général. Au fond s'il n'y avait pas eu le nazisme, je ne sais pas si les choses auraient changé. D'ailleurs la question de savoir si l'eugénisme a disparu reste à débattre. Mais il faut bien comprendre aussi que la génétique a été considérée comme incompatible avec, disons, les idéaux de gauche, parce qu'elle soutient l'idée que les individus naissent différents. Tous les mouvements ouvriers du début du XXᵉ siècle étaient partisans de ce qu'on appelait la *tabula rasa* : tous les humains naissent semblables et c'est la société qui les différencie. Et comme la génétique n'allait pas dans ce sens, elle a été considérée comme une science de droite, ce qui semblait cohérent avec ses connexions avec l'eugénisme et le nazisme. La génétique a été interdite en URSS et les généticiens soviétiques sont tous morts au goulag, à commencer par le plus grand d'entre eux, Vavilov, qui avait justement fait un énorme travail pour comprendre la diversité des espèces domestiques de plantes. Vu la façon dont fonctionnait le système communiste mondial à l'époque, le Parti communiste français a interdit la génétique. Il s'est fendu de textes au vitriol expliquant à quel point la génétique était une mauvaise science et à quel point donc l'espèce de charlatan qui avait pris le pouvoir en URSS sur ces questions qui s'appelait Lyssenko était un grand homme. Aragon a dit que Lyssenko avait dépolitisé les chromosomes[4]. Évidemment quand on enseigne la génétique et l'évolution sur une base génétique, et que l'on montre aux étudiants que les êtres vivants sont le produit de la sélection des informations génétiques au cours des centaines de millions d'années qu'a duré l'évolution, on se retrouve malgré soi dans une position où on peut donner l'impression qu'on défend des visions très à droite, eugénistes, voire même cryptonazies. Pendant une grande partie de ma carrière, j'ai eu beaucoup de mal à discuter avec mes collègues de sciences humaines parce que la génétique était vue comme une science qui sentait le soufre. Heureusement, j'ai rencontré des collègues sociologues et anthropologues comme Edgar Morin ou Françoise Héritier avec lesquels j'ai pu beaucoup discuter et travailler mais ce n'était pas si facile que ça. Le plus souvent, il fallait prendre des gants incroyables pour arriver à montrer comment on pouvait réfléchir à la génétique sur ces questions sans pour autant faire partie des nazis. Comme je me suis retrouvé confronté à toutes ces questions très rapidement dans ma carrière après ma thèse d'État en Sciences, j'ai décidé de passer un DEA de philosophie de manière à avoir un peu d'équipement intellectuel (un DEA de l'époque est l'équivalent d'un master aujourd'hui). Ma spécialité de départ s'appelle la génétique des populations, science peu connue. La génétique étudie ce qu'on peut savoir des descendants lorsque l'on connaît les parents. Si je croise deux individus qui ont telle ou telle caractéristique qu'est-ce que j'attends chez leurs descendants ? La génétique des populations tente de répondre à cette question-là à l'échelle d'une population. Connaître la constitution génétique d'une génération à partir de la constitution génétique de la génération précédente demande un peu de maths, puisque le système d'hérédité est fondé sur des aspects probabilistes. Lorsqu'un individu donne naissance à un descendant, il lui donne la

▦ 4. L. Aragon, « De la libre discussion des idées », *Europe* 33-34 (spécial Lyssenko), 1948, p. 3-24.

moitié de ses gènes au hasard ; il y a donc du hasard partout dans la génétique des populations. La génétique des populations décrit l'évolution des proportions des gènes dans la constitution génétique des populations d'une génération à l'autre. Connaître la génétique des populations permet donc de comprendre l'évolution puisque l'évolution c'est justement l'histoire des changements des génomes au cours des générations.

Dans les années 1970-1980, quand on a commencé à comprendre que des OGM allaient être produits dans les systèmes agricoles, il est apparu assez logique à un certain nombre d'entre nous de se poser la question du devenir des gènes introduits dans les plantes. Je travaillais en particulier avec un collègue anglais là-dessus, et j'ai commencé à lancer un projet sur les conséquences génétiques du fait de cultiver des OGM pour les plantes cultivées et les plantes sauvages. Le résultat a été assez simple : il n'y avait aucun moyen que les OGM ne s'échappent pas des champs, et on allait retrouver ces gènes un peu partout. Ce n'était pas nécessairement grave mais ça pouvait l'être. Nous avons élaboré un certain nombre de modèles. Il y avait certains gènes dans certaines plantes qui nous inquiétaient. Je prendrai deux exemples, celui du colza et celui des betteraves. Répandre dans l'ensemble des populations des colzas résistants à divers herbicides, à tous les herbicides possibles d'ailleurs, n'était pas une bonne idée parce qu'à partir du moment où différentes variétés de colza seraient résistantes à différents herbicides, elles se croiseraient entre elles et fabriqueraient des variétés résistantes à tous les herbicides, ce qui fait qu'on risquait de connaître une situation où l'on ne pourrait plus se débarrasser du colza. Or en Europe, on pratique une rotation des cultures et il faut arriver à se débarrasser du colza pour semer du blé ensuite. On sait bien ce qui se passe quand les plantes indésirables résistent aux herbicides : on augmente les quantités d'herbicide qu'on utilise, on utilise des herbicides de plus en plus dangereux et polluants… Donc l'introduction de colza OGM n'était pas une bonne idée. Quant aux betteraves, les mauvaises herbes les plus embêtantes dans leurs champs sont les betteraves sauvages. Si on met des gènes de résistance aux herbicides dans les betteraves cultivées ces gènes vont évidemment se retrouver dans les betteraves sauvages, et au bout de pas longtemps on ne saura plus désherber les betteraves cultivées, et on aura scié la branche sur laquelle on était assis. Non pas que je souhaite qu'on utilise énormément de pesticides, pas du tout, mais justement, si utiliser des pesticides en doses raisonnables n'est pas nécessairement toujours inutile, en utiliser de façon déraisonnable est toujours une très mauvaise idée. Lorsque nous, généticiens, avons commencé à expliquer ce genre de choses à la commission du génie biomoléculaire qui était présidée par Axel Kahn, les industriels nous ont rembarrés de façon extrêmement violente. Ils nous ont dit qu'ils ne voulaient pas entendre parler des problèmes qu'on leur mettait sous le nez, et que, de toute façon si jamais les OGM n'étaient utiles que deux ans, et qu'au bout de trois ans ça ne marchait plus, ce serait toujours deux ans de gagnés. Leur vision était commerciale et court-termiste d'une façon bien pire que ce qu'on avait pu imaginer. Dans mon labo à Orsay, nous étions persuadés que les industriels seraient intéressés par le fait de savoir quels étaient les risques qu'il fallait éviter, alors que ce n'était pas du tout le cas. Du coup, quand les industriels nous ont fait part de leur fin de non-recevoir mes collègues de labo et moi-même avons décidé d'un commun accord de signer une pétition qui traînait à ce moment-là demandant un moratoire sur les OGM. Cette pétition provenait de gens qui n'avaient pas tous beaucoup de compétences en génétique, et dont certains disaient même des énormités. Le premier effet de cette pétition a été que les signataires (nous) ont été considérés par leurs collègues scientifiques se considérant comme sérieux et développant les OGM, comme des traîtres. Le second effet a été que nous avons été considérés par les anti-OGM comme des alliés, alors qu'à l'époque, nous n'étions pas vraiment anti-OGM : nous étions méfiants vis-à-vis de la dissémination de certains gènes et nous étions critiques vis-à-vis de la façon dont la technologie des OGM était utilisée. Le débat était très violent, il n'y avait pas moyen de ne pas prendre parti, et nous nous sommes retrouvés poussés du côté des anti-OGM. Il est vrai que nous nous sommes radicalisés au tournant du XXIe siècle, au moment du procès Percy Schmeiser qui a fait beaucoup de bruit. Monsieur Schmeiser cultivait des colzas et refusait de cultiver des OGM comme ses voisins : il resemait chaque année ses semences. Or, étant donné que c'était notre travail, nous savions très bien ce qui allait se passer et lui aussi : les gènes des OGM des champs voisins allaient venir contaminer les siens. Monsanto s'en doutait évidemment également. Monsanto a donc prélevé des graines dans les champs de Percy Schmeiser, et leurs avocats lui ont intenté un procès montrant que Schmeiser avait des gènes brevetés dans ses plantes. Je passe sur les détails mais le résultat du procès a été que Schmeiser a perdu le droit de semer ses semences. Ce procès a consacré l'idée que si vous mettez des gènes brevetés grâce à une technologie OGM dans une plante et que vous laissez le vent emmener les pollens ou les graines de votre plante chez les voisins, les plantes du voisin ne lui appartiennent plus, vous vous appropriez ces plantes. Les brevets sur les OGM sont donc un moyen de s'approprier les ressources génétiques de la planète. L'immense diversité des plantes cultivées est directement menacée par ce processus. Toute l'agriculture de la deuxième moitié du XXe siècle jusqu'à aujourd'hui a été, il est vrai, une agriculture terriblement homogénéisante. Mais les OGM ont permis en quelque sorte un pas de plus autorisant quelques entreprises à s'approprier la diversité et à imposer de ne cultiver qu'une toute petite partie des plantes, intéressantes sur le plan financier. Cela nous apparaissait vraiment inadmissible, d'autant plus inadmissible que nous étions en train de nous rendre compte que le fait d'avoir à ce point-là homogénéisé les cultures constituait une erreur agronomique profonde : il était urgent au contraire de mettre en place des modes de production agricole permettant de produire de la diversité dans les champs. Or les OGM avaient pour moi ce défaut majeur de comporter des portions de génome brevetées. Officiellement, il est vrai, ce n'est pas le génome lui-même qui est breveté mais l'opération d'introduction du gène. Ces distinctions ne sont que des jeux juridiques permettant de détourner les lois… Quand les premiers OGM sont sortis, les offices des brevets, aussi bien américains qu'européens ont refusé de les breveter en disant que ces gènes préexistaient dans la nature, constituaient des découvertes (non-brevetables) et non des inventions. Les avocats des entreprises ont argumenté pour soutenir qu'effectivement, il n'y avait pas d'invention du gène à proprement parler, mais que le fait d'introduire un bout d'ADN dans une plante était une invention et qu'il fallait breveter cette invention. Le processus a été appelé un « événement » et chaque « événement » a été breveté. Il y a aujourd'hui de nouvelles techniques d'édition du génome que certains appellent les nouveaux OGM, tandis que d'autres soutiennent que ces techniques ne produisent pas d'OGM à proprement parler, etc. Personnellement, que ce soit des OGM ou pas ne m'intéresse guère. La question est de savoir s'il y a un brevet. S'il y en a un, ces nouvelles plantes ont le défaut des précédentes et induisent fortement l'appauvrissement des ressources génétiques planétaires, ce qui est inacceptable.

AB : Comment décririez-vous l'extinction massive dont nous ne cessons d'accumuler les preuves ? Sa dynamique, ses causes ?
PHG : Si l'on veut expliquer ce qui se passe actuellement dans la nature, il faut rappeler que la surface de la Terre se divise entre la surface émergée et les mers. Dans les mers, le problème de la surexploitation des ressources marines est bien connu. Pour ce qui concerne les surfaces émergées, l'agriculture occupe une place énorme : il ne peut pas être question de réfléchir à la diversité du vivant en ne regardant que les zones « naturelles » et en oubliant cette très grande partie de la surface. Or la philosophie générale de l'occupation de cet espace, que j'ai même dû enseigner à l'Agro, est de choisir l'environnement qui permet de produire le plus de biomasse de plantes puis de le reproduire en utilisant des produits chimiques et le génotype le mieux adapté à chaque lieu. C'est le principe de ce qu'on appelle l'amélioration des plantes, qui aboutit aujourd'hui en Amérique du Sud à fabriquer des champs par la déforestation et à la suppression de l'agriculture vivrière. En Amérique latine des centaines de millions d'hectares sont cultivées avec une même plante de soja transgénique. Or une plante aussi homogène sur des surfaces pareilles est en danger constant : elle a besoin d'énormément d'intrants, il faut la protéger contre tout ce qui peut l'attaquer, champignons, insectes, bactéries ou d'autres plantes… Cette agriculture suppose donc l'usage d'une quantité absolument déraisonnable de pesticides ; sur ce plan-là, on a beaucoup « progressé », mais je mets le mot de progrès entre guillemets évidemment, puisqu'au lieu de traiter les problèmes quand ils arrivent on les traite en amont de manière à ce qu'ils n'arrivent pas. Plutôt donc que de mettre un insecticide quand un insecte attaque, l'insecticide est répandu avant que les insectes n'arrivent. Aujourd'hui dans toutes les grandes cultures des pays industrialisés, les graines qui sont semées sont enrobées avec des pesticides d'une efficacité redoutable dont les exemples types sont ceux de la classe des néonicotinoïdes. Ces molécules tuent au nanogramme. Lorsqu'on sème une graine enrobée avec des néonicotinoïdes elle germera en absorbant à peu près 5 % des néonicotinoïdes qui sont dans l'enrobage de la graine, et ces 5 % suffiront pour que la plante soit protégée toute sa vie : tout insecte qui la mange mourra. Mais si 5 % des néonicotinoïdes entrent dans la plante, 95 % s'en vont dans l'eau dans l'air et empoisonnent l'ensemble de la planète. Cela fait seulement quelques dizaines d'années qu'on utilise ces techniques, et il se trouve que, depuis ces quelques dizaines d'années, la biodiversité s'est effondrée de façon incroyablement rapide. L'effondrement a commencé avant, mais n'allait pas à la même vitesse.
Pour comprendre ce qui est en train de se passer, il faut revenir à l'idée de biodiversité telle qu'on l'a présentée au début, c'est-à-dire non pas comme un ensemble d'espèces juxtaposées les unes à côté des autres, mais comme un arbre, une arborescence constamment en évolution avec des branches qui s'éteignent, des branches qui divergent, etc. D'un jour à l'autre, la biodiversité n'est pas la même ; et ce, à l'échelle de la planète. À chaque fois qu'un individu meurt, la biodiversité

diminue et à chaque fois qu'un individu naît la biodiversité augmente, et cette dynamique concerne des milliards et des milliards d'organismes vivants à l'échelle de la Terre. Or un système dynamique est différent d'un système statique. Pour conserver un système statique, le mieux est d'éviter tout mouvement. Un système dynamique, au contraire, n'est maintenu que par le mouvement. L'équilibre de la biodiversité est un équilibre dynamique qui compense constamment les extinctions par des divergences de lignées, et, dans cette dynamique, ce qui doit se maintenir est le mouvement, pas chaque forme pour elle-même. J'utilise souvent l'exemple du vélo pour l'expliquer : un vélo ne se maintient en équilibre que parce qu'il roule, et si on l'empêche d'avancer et qu'on l'arrête brutalement, le cycliste tombera. La biodiversité repose sur un principe analogue : tant qu'elle a une bonne dynamique, elle peut se maintenir, mais si la dynamique s'interrompt, elle s'effondre. Une autre image frappante est celle du satellite. Un satellite se maintient autour d'une planète à cause de son mouvement. S'il ralentit, il tombera. Il ne tombera pas tout de suite. Quelqu'un qui n'y connaît rien peut dire que le satellite est toujours là, qu'il « tient bien », mais si vous connaissez les équations de fonctionnement du satellite, vous savez qu'il va tomber parce qu'il ne se déplace pas assez vite. Pour la biodiversité, à l'heure actuelle, des formes vivantes s'éteignent mais il en reste quand même beaucoup. En revanche ce qu'on constate c'est que la biomasse est en train de s'effondrer : 75 % de la biomasse d'insectes volants a disparu dans les zones protégées d'Europe au cours des trente dernières années. En Angleterre, un comptage a été fait à partir du nombre d'insectes sur les plaques d'immatriculation de voitures et, il a montré qu'effectivement, en moins de vingt ans on avait perdu 60 % des insectes. Or la biomasse est analogue à la vitesse du satellite, c'est ce qui fait que le système tourne, que la biodiversité peut se maintenir parce que la sélection peut trier ce qui ira le mieux dans toutes sortes de directions, et parce que les espèces évoluent en même temps.

Cet effondrement est bien décrit par les gens qui travaillent là-dessus. Les rapports de l'IPBES [5] sont tous aussi alarmants les uns que les autres. La difficulté est l'analyse des causes. L'IPBES donne cinq causes majeures classées par ordre décroissant : le changement d'usage des terres, l'exploitation directe, le changement climatique, la pollution et les espèces invasives. Tout cela semble très sérieux mais si on regarde bien, l'une des causes est occultée : les pesticides. Le mot pesticide n'apparaît pas dans les causes, et du coup pas non plus dans les solutions.

Ceci ne peut s'expliquer sans parler de l'action des « marchands de doute », c'est-à-dire de gens payés pour empêcher qu'on sache ce qui se passe. L'expression vient du titre d'un livre d'un couple de sociologues américains Naomi Oreskes et Erik Conway. Le 15 décembre 1953, John Hill, un chargé de relations publiques, rencontre les grands patrons cigarettiers américains et leur explique que le cancer du poumon leur posera des problèmes s'ils se contentent de nier l'action du tabac. Il met alors au point une stratégie qui consiste à manipuler le système de recherche en créant des controverses scientifiques de manière à ce que les connaissances ne puissent pas être développées. Ce système aussitôt mis en place perdurera, disons pendant soixante ans, ce qui est quand même pas mal… Et d'ailleurs, il ne

5. Intergovermental Science-Policy Platform on Biodiversity and Ecosystem Services, soit Plateforme intergouvernementale scientifique et politique sur la biodiversité et les services écosystémiques.

s'est effondré que parce qu'un employé de l'industrie du tabac a photocopié des documents secrets et les a transmis à un professeur américain. Sans cette fuite, je ne sais pas combien de temps ce système aurait duré encore. Le but de cette stratégie était d'arriver à ce que la communauté scientifique soit convaincue que, le cancer du poumon étant un phénomène complexe et les causes étant multiples, il fallait d'abord mieux connaître ces causes multifactorielles. Cette manœuvre est extraordinairement maligne parce qu'elle part d'une position consensuelle : tous les chercheurs seront toujours d'accord pour dire qu'un phénomène est complexe et multifactoriel en médecine (ou en écologie d'ailleurs) ; et dire qu'il faut plus de recherches emportera aussi l'adhésion. Le côté pervers, en l'occurrence, est bien sûr que tout cela constitue un écran de fumée qui cache le fait que l'un des facteurs est très largement plus influent que tous les autres, qu'il est de loin le facteur principal, et que ce facteur, c'est le tabac. En manipulant le système de recherche, les chargés de relations publiques en question, devenus depuis des « ingénieurs sociaux », ont réussi à éviter pendant des décennies que l'information la plus importante soit disponible et que des mesures soient prises ! Malheureusement, quand les marchands de doute ont plus ou moins perdu sur le tabac, beaucoup d'entre eux se sont reconvertis dans le climatoscepticisme. En 1992, le jour de l'ouverture du congrès de Rio, où tous les États du monde ont commencé à s'intéresser aux questions d'environnement, a été publié l'appel de Heidelberg[6]. Cet appel est un texte incroyablement pervers, qui reconnaît que les problèmes environnementaux présentent des risques mais qu'il faut faire attention parce que les écologistes sont des gens qui sont « animés par une idéologie irrationnelle qui s'oppose aux progrès techniques et scientifiques ». Cet appel va connaître un énorme succès dans les milieux scientifiques : les 9/10 de l'Académie des sciences en France l'ont signé, ainsi que des dizaines de prix Nobel de toutes les nationalités. Les signataires ne savaient pas que l'appel avait été écrit par les communicants de l'amiante avec l'aide des industriels du tabac. Ce que je trouve désespérant est que beaucoup de scientifiques qui ont signé à l'époque disent qu'ils signeraient encore aujourd'hui, même en sachant qu'ils ont été manipulés, parce qu'ils sont d'accord avec ce qui était écrit. Une immense majorité des scientifiques n'est pas prête à se laisser corrompre pour de l'argent, mais est tellement animée par l'idéologie du progrès technique et scientifique que si on leur dit que quelque chose va freiner ce progrès-là, ils sont prêts à s'y opposer : si l'écologie devait freiner les progrès techniques et scientifiques, cela justifierait donc le fait que beaucoup de scientifiques s'y opposent. En France, on ne voit plus beaucoup ces marchands de doutes reconvertis dans le climatoscepticisme alors qu'ils restent extraordinairement actifs aux États-Unis. Mais la différence entre le tabac, l'amiante ou le climat et la biodiversité est que les marchands de tabac, d'amiante ou de pétrole ne financent pas en général les recherches médicales ou climatiques, ce qui fait que les communautés scientifiques qui travaillent sur le cancer ou le climat sont quand même relativement indépendantes des structures financières liées au tabac ou au pétrole. Il a fallu du temps mais les marchands de doute ont été confondus. Pour ce qui concerne la biodiversité, la situation est beaucoup plus catastrophique parce que la plupart des laboratoires de biologie sont financés par les entreprises

6. http://www.global-chance.org/IMG/pdf/GC1p24.pdf

d'agrochimie ou de biotechnologie : la communauté scientifique des biologistes est très liée dans son ensemble aux industriels qui ont intérêt à ce qu'on ne comprenne pas l'importance des pesticides dans la catastrophe écologique actuelle. De ce fait, il n'y a pas du tout de consensus scientifique autour du fait qu'il faut arrêter les pesticides si on veut arrêter la chute de la biodiversité. J'ajoute une référence à un document qui m'a ouvert les yeux, un rapport de l'OMS qui date de l'année 2000. Ce texte de 250 pages décrit comment leur institution a été caviardée par les marchands de tabac. La table des matières est hallucinante : les marchands de tabac ont fait embaucher leurs agents, ont payé leurs employés, ont utilisé d'autres agences de l'ONU, entre autres la FAO ou la Banque mondiale, ont payé des recherches pour contrer les résultats établis, et ont attaqué les chercheurs qui montraient des résultats leur déplaisant… Depuis, l'OMS a fait le ménage parmi ses employés qui travaillaient pour le tabac. Mais je ne peux pas imaginer que les marchands de doute sur les pesticides n'aient pas réussi à placer une seule personne à l'INRA, au CNRS ou à l'IPBES. Or aucune de ces institutions ne s'est donné le mal de repérer et de se débarrasser des employés qui sont à la solde d'entreprises commercialisant des pesticides. Au contraire. À l'INRA, il est carrément officiel que le travail se fait avec l'agrochimie. Je pense qu'il va falloir attendre très longtemps avant que les pesticides ne soient reconnus comme le facteur majeur de l'effondrement de la biodiversité, et j'en suis un peu effaré.

AB : Vous avez écrit en 1995 un petit article intitulé « Étudier ou conserver ? De la biologie des populations à la biologie de la conservation »[1]. Vous étiez dubitatif dès cette époque-là sur l'efficacité des parcs naturels, je vous cite : « Nous savons que la simple création de parcs n'est pas une solution. On ne s'y éteint pas moins qu'ailleurs. ». Comment, plus généralement, jugez-vous les outils juridiques qui se sont créés depuis 1995 pour enrayer l'extinction ? Quel regard portez-vous sur l'histoire de l'IPBES et comment jugez-vous ses derniers rapports ?

PHG : Face à l'effondrement de la biodiversité, que ce soit la biodiversité sauvage ou la biodiversité domestique, les solutions qui paraissent simples sont de conserver des espaces, donc de créer des parcs naturels, et de conserver des semences, comme à Svalbard[2]. Il y a deux choses essentielles à dire là-dessus. La première est que conserver les espèces une par une est exactement le contraire de conserver une dynamique. Cela ne veut pas dire qu'il ne faut pas le faire, mais qu'il faut avoir une idée claire de ce que l'on fait : ce n'est qu'une sauvegarde de court terme en vue de remettre en œuvre des dynamiques le cas échéant. Par exemple, en Syrie, des graines des plantes qui avaient disparu à cause de la guerre et qui avaient été mises trois ans plus tôt dans la banque de Svalbard ont pu être récupérées. Sur le court terme, cela peut donc servir. À long terme, cela ne sert certainement pas à grand-chose et cela coûte extrêmement cher parce qu'il faut faire germer tous les dix ans environ les graines qui perdent leur pouvoir germinatif. Cette germination est assurée par le CIMMYT au Mexique pour le maïs ou la banque de l'IRRI en Thaïlande pour le riz. Mais à Svalbard, rien. Ce serait soi-disant aux États

■ 1. *Ecologia Mediterranea* 21-1-2, 1995, p. 309-311.
■ 2. https://www.seedvault.no/

d'assurer la germination. Autant dire que ce ne sera pas fait et donc que ce frigo va être un immense réservoir de graines mortes d'ici quelques dizaines d'années. Il y a des gens pervers qui ont fait remarquer que toute cette diversité sous forme de graines mortes dans un frigo ne sera plus une banque de graines, mais une banque d'ADN. Ce qui revient à donner aux entreprises de Biotech le monopole de l'utilisation de cette diversité morte.

Quant aux parcs nationaux, etc., leur intérêt dépend un peu de la taille. Les Américains et les Européens ont des stratégies très différentes, puisque les parcs américains sont de très grande taille. Mais il y a au moins une chose dont on peut être sûr, qui est que, du fait des changements climatiques de nombreuses formes vivantes qui sont dans les parcs ne pourront plus y vivre très longtemps. Dans l'hémisphère nord, les plantes et les animaux devront remonter de plusieurs centaines de kilomètres vers le nord pour retrouver une zone de confort écologique. Si on veut garder de la diversité c'est du mouvement qu'il faut favoriser, pas une conservation statique. Je dois dire qu'il y a quand même eu un moment intéressant au Grenelle de l'environnement : la reconnaissance qu'il fallait reconnecter les milieux entre eux. Un parc naturel ne sert à rien, mais différents parcs naturels connectés pourraient devenir un réseau avec une capacité dynamique permettant aux formes vivantes de migrer d'un parc à l'autre. Cette reconnaissance a permis de mettre en place des outils, des trames vertes et bleues, les trames vertes, forestières ou prairiales qui permettent de connecter différentes zones naturelles entre elles, et les trames bleues qui lient des systèmes aquatiques, des lacs, des rivières, etc.. Cela fait partie des choses positives. Le malheur est que la mise en œuvre de ces outils demande beaucoup de moyens. Il faut acheter de la terre dans des endroits où rien n'est disponible à la vente, et il faut pouvoir installer des bandes forestières là où il n'y en avait plus pour connecter les forêts. Cela représente de réelles difficultés dans certaines régions comme, exemplairement, la région parisienne. Tout ce processus ne va donc pas du tout à la vitesse nécessaire alors que l'effondrement de la biodiversité a déjà commencé !

Certains ont proposé de donner une valeur financière à la biodiversité pour la sauver. L'idée est que si la ressource est gratuite, elle est détruite plus sûrement que si elle a une valeur. La plupart des gens qui s'occupent d'écologie sont opposés à cette financiarisation pour des raisons qui sont de l'ordre de la morale. Il ne semble pas correct de donner le pouvoir à un système financier sur un système dont on aimerait qu'il ait une valeur indépendamment de ce qu'on peut en faire…Mais il existe aussi des arguments économiques très concrets pour s'y opposer. Le regretté Bernard Maris, remarquable économiste qui travaillait sur ces questions et qui a malheureusement disparu avec ses collègues de Charlie Hebdo, m'avait dit qu'il ne fallait pas confier la biodiversité aux économistes pour la simple raison que les économistes ont besoin de la rareté. Pour qu'une chose soit chère, elle doit être rare. Valoriser financièrement ou économiquement la biodiversité oblige à entrer dans cette économie de la rareté. Cette critique est très fine…

AB : *La diversité des plantes cultivées et des animaux domestiques est elle aussi en grand danger. Comment décririez-vous les principes d'une agriculture et d'un élevage susceptibles de maintenir l'équilibre dynamique que vous avez défini comme le principe du vivant ? Comment imaginez-vous les relations futures* *vertueuses entre les recherches contemporaines en biologie des populations et la transformation des socio-écosystèmes nécessaire à la reprise de la dynamique des équilibres du vivant ?*

PHG : La première chose qu'il faut rappeler pour imaginer comment cette agriculture peut redevenir productrice de diversité et non pas destructrice de diversité, est que l'on sait comment s'y prendre, puisque les êtres humains en ont été capables pendant 12 000 ans, et jusqu'à il y a une centaine d'années. Ces savoir-faire tiennent à la participation des agriculteurs à la production des générations suivantes de semences. Il faut en finir avec ce système descendant dans lequel des entreprises de semences qui possèdent les stocks génétiques en tirent des variétés homogènes qu'ils vendent aux agriculteurs. Beaucoup de gens le savent maintenant, mais, pour les grandes cultures, la loi française interdit actuellement de vendre des semences qui ne sont pas homogènes, alors que ce sont plutôt les semences homogènes qu'il faudrait interdire. Dans la plupart des champs de blé ou de maïs, les plantes ne donneront jamais le moindre descendant, sauf s'il s'agit d'une parcelle qui est possédée par des semenciers. Et même dans le cas improbable où une plante remarquable apparaîtrait là-dedans, elle n'a aucune chance. Les agriculteurs ne regardent plus leurs plantes individuellement et ne choisissent jamais celles qui pourraient donner une bonne semence. Quand un agriculteur resème, c'est pour un an ou deux, il n'y a aucune remontée de la diversité des champs cultivés vers le stock génétique global de l'espèce. Ce système a complètement cassé la dynamique décrite par Darwin. Aucune variation qui apparaît dans les champs ne pourra donner naissance à une nouvelle lignée prometteuse pour l'avenir. Or, tant qu'on n'aura pas de diversité dans les champs, il n'y aura aucun moyen de se passer des pesticides. Les betteraviers demandent avec insistance l'autorisation d'utiliser des néonicotinoïdes tellement toxiques qu'on a réussi à interdire la plupart d'entre eux. Les pucerons attaquent trop leurs betteraves… Sauf que, quand on traite avec des néonicotinoïdes, la plupart des pucerons sont tués bien sûr, mais il en reste. En revanche les insectes qui mangent des pucerons comme les coccinelles et les syrphes sont totalement détruits. Le résultat est évidemment que plus on utilise de pesticides moins on peut s'en passer, puisqu'il n'y a plus rien qui attaque les pucerons…Je suis pas sûr qu'il faille se passer totalement de pesticides mais je suis certain en revanche que les quantités qu'on emploie actuellement sont totalement déraisonnables, et que la façon dont on les administre systématiquement au moment du semis est scandaleuse, sans parler des épandages par avion comme on les pratique par exemple en Amérique du Sud où le Roundup est répandu en quantité absolument folle sur les sojas Roundup Ready, – des OGM résistants au Roundup.

Une agriculture vertueuse commencerait par remettre en œuvre des processus de diversification des cultures. Quelques chercheurs, très peu, travaillent là-dessus ; il y a tout de même des groupes en France qui font des recherches sur les semences paysannes et la manière de réinclure les agriculteurs dans la production de diversité [3] ; réintroduire de la diversité, et, en même temps, restreindre extrêmement

---

■ 3. *Cf.* notamment les travaux portés par I. Goldringer ; *cf.* É. Demeulenaere, P. Rivière, A. Hyacinthe, R. Baltassat, S. Baltazar, J. S. Gascuel, J. Lacanette, H. Montaz, S. Pin, O. Ranke, E. Serpolay-Besson, M. Thomas, G. V. Frank,

violemment la quantité et la fréquence d'épandage de pesticides. Il faut donc plus de monde dans les campagnes et accepter l'idée que la nourriture va coûter un peu plus cher, vouloir payer davantage le travail que la rente, le travail paysan que la rente immobilière. Une aventure… Les théoriciens en agroécologie ont très bien montré que ça pouvait marcher, que l'agroécologie était productive et pouvait nourrir la planète. La difficulté est que si un pétrolier met très longtemps à changer de direction, pour un organisme de recherche, c'est encore bien plus compliqué. Une fois que l'on a embauché pendant plusieurs dizaines d'années des gens qui ne regardent que l'ADN des plantes, leur dire qu'il faudrait aussi regarder l'écologie des champs, recréer de la diversité, produire des semences est contraire à ce qu'ils ont toujours pensé. Donc j'imagine facilement des relations vertueuses entre sciences et agriculture, mais il faudrait une volonté très forte de changer complètement les recrutements. Et le malheur est que, dans les jurys de concours, ce sont les chercheurs actuels qui recrutent les nouveaux, donc, entre l'imagination de relations vertueuses et la pratique…

AB : Vous avez aussi été parmi les premier.e.s chercheur.es. à jouer un rôle au sein des comités d'éthique au CNRS, puis à l'INSERM. Pourriez-vous expliquer les raisons de cet engagement et nous dire comment vous articulez la connaissance empirique des lois évolutives et votre activité normative ? Que pensez-vous du resurgissement de la question de l'héritabilité dans l'espace médiatique et de l'apparition de l'usage des tests de prédictions ? Faut-il y voir une nouvelle forme d'eugénisme ?

PHG : Après ma thèse de sciences et mon DEA de philo j'ai travaillé avec un philosophe que j'adorais, Michel Henry, qui n'était pas un philosophe des sciences. Nous n'étions pas d'accord sur grand-chose, il a même affirmé que la biologie n'avait rien à dire sur la vie… J'ai beaucoup discuté ensuite avec d'autres philosophes, Jean Gayon, avec lequel il était plus facile d'échanger parce qu'il travaillait sur les mêmes sujets que moi, et puis aussi avec Jacques Roger dont j'ai suivi le séminaire pendant des années. Il s'est trouvé que lors d'un colloque organisé pour le départ à la retraite de François Jacob, j'ai fait une conférence assez philosophique sur la façon dont la génétique éclairait l'évolution, et, à l'issue de cette conférence, le directeur des sciences de la vie du CNRS m'a invité à participer à un comité d'éthique pour les sciences de la vie qu'il voulait créer au sein de l'établissement. J'étais assez content parce que j'étais justement en train de démarrer mes recherches sur les OGM, sans savoir à quel point cela me prendrait de temps et d'énergie… Dans ce comité d'éthique, nous travaillions de façon opérationnelle avec les laboratoires sur leurs projets, nous les épluchions. Dans la plupart des cas, ce qui posait des problèmes d'éthique était lié à des recherches liées sur êtres humains, la question du consentement éclairé par exemple, et des problèmes liés à l'eugénisme. Un des participants à ces comités a même dit un jour que les comités d'éthique étaient le nouveau nom pour l'eugénisme. Les comités d'éthique étaient régis par des logiques *bottom-up*, l'idée étant de faire émerger un consensus en discutant

M. Vanoverschelde, C. Vindras-Fouillet, I. Goldringer, « La sélection participative à l'épreuve du changement d'échelle. À propos d'une collaboration entre paysans sélectionneurs et généticiens de terrain », *Natures Sciences Sociétés* 25, 2017, p. 336-346.

avec les gens. Le problème avec cette méthode est que le consensus est toujours révisable, et que, s'il y a des intérêts suffisamment forts, les choses peuvent toujours basculer. L'alliance de la souffrance et des capitaux est un truc contre lequel on ne peut rien. J'ai vu accepter des choses que j'ai trouvées scandaleuses, comme les enfants-médicaments, conçus pour permettre une greffe de moelle osseuse à un grand frère ou une grande sœur. L'enfant est choisi grâce au tri d'embryon pour être sûr que la greffe soit possible. Les comités d'éthique ont validé cette pratique qui est devenue conforme à la loi, alors qu'on pouvait deviner qu'un enfant qui sait qu'il a été conçu comme donneur peut se rebeller un jour ou l'autre : il peut décider qu'il ne veut plus donner, et on arrive à des situations moralement impossibles. J'ai donc malheureusement constaté que si les capitaux sont là et la souffrance aussi, aucune règle éthique ne tient. Avec les méthodes modernes de tri d'embryon et d'édition du génome, se profile un eugénisme individuel ; non pas un eugénisme d'État, mais un eugénisme qui opère à la demande des parents. Il y a un très bon film sur le sujet, *Bienvenue à Gattaca*, qui montre qu'à partir du moment où les parents ont la possibilité de faire des choix pour leurs enfants il devient quasiment impossible qu'ils ne le fassent pas, parce que si jamais vous refusez de faire un test pour savoir si votre enfant risque de développer une maladie, la société vous rendra responsable de sa survenue. Elle pourra décider ne pas prendre en charge les soins de l'enfant. On peut même craindre que les écoles refusent d'inscrire ces enfants, que les assurances refusent de l'assurer, etc… L'eugénisme est en train de faire retour par la voie d'un système médical qui s'impose comme normatif, comme si seul un individu « normal » avait le droit de naître. L'idée que la science et la technique doivent améliorer notre condition est une proposition acceptable, mais en son nom, ou au nom de l'innovation, le dernier mot pour dire le progrès, ont lieu toutes sortes de choses dont on peut prédire aujourd'hui que ce ne sont pas de bonnes idées. Cela dit, sur ce plan-là, les choses sont en train de changer de façon extrêmement rapide. Pendant des années j'ai fait cours aux étudiants sur l'apparition de l'idée de progrès au XVIIIe siècle. Jusqu'à une date très récente, la société dans son ensemble adhérait à cette idée, surtout les scientifiques, d'ailleurs, mais en gros, chaque génération considérait que sa vie serait meilleure que celle de ses parents. Aujourd'hui, lorsque je parle de ça, la plupart des étudiants réagissent en affirmant qu'ils n'ont plus foi dans le progrès. Or perdre cette foi-là ouvre la possibilité de ne pas accepter de se faire imposer n'importe quel progrès technique, de prendre en main leur destin sur le plan social, économique, environnemental et médical. Cette jeunesse me donne de l'espoir d'un changement.

**Propos recueillis le 29 novembre 2022
par Aliènor Bertrand**

ABSTRACTS

Aux frontières de l'espèce

Living Beings as Imprints of their Biotopes (Anaximander, Democritus)

Anne-Laure Therme

For the first Greek thinkers, if the emergence and evolution of species are due to necessary physical causation, the latter appears, according to local conditions, as realizing extremely varied alternatives. Democritus' zoogony betokens that before making an actual species, each living being was an individual at first, whose characteristic type proves to be the singular imprint (*tupos*) of its own biotope. By that term, one can account for the inscription of each life within interwoven layers of plastic envelopes or membranes in mutual interaction, which at once constitute its world and specifies its bios, the mode of existence by which it becomes thus.

Is There such a Thing as a Standard Tiger ?

Filipe Drapeau Vieira Contim

Natural kind terms are subject to debate : are they descriptive terms meant to express some characteristics of all objects belonging to their extension, or do they rather function as proper names directly referring to their species, without any intermediary description ? According to the causal theory of reference (CTR), a term like « Tiger » directly names the Tiger species by pointing to a sample of individual tigers which constitute the standard for future uses of the term. I shall here confront the CTR with the practice of taxonomic names defined by the International Code of Zoological Nomenclature. I will show that, despite what several recent counter-examples were meant to show, the forecasts made by the CTR are verified by scientific species and sub-species names.

Between Vegetable and Fish. Of Natural Kinds in Biological Sciences

Philippe Huneman

The question of so-called « natural kinds » in metaphysics bears on the « junctures » of the world : what classes of things do constitute the world and really exist ? If Nominalists and Realists have long opposed one another on the very possibility of answering such a question, modern science presents divisions in natural kinds often at odds with the natural world-view. This paper will focus on natural kinds in biology. After presenting the principle of the answer given by evolutionary biology, *i.e.* systematic cladistics, I shall account for the fish paradox, since « fish » is not an objectif class name, and thus seems as unreal as « vegetable ». I shall then show how the paradox is variously met by realistic and pragmatic views on natural kinds. In distinguishing between several forms of pragmatism, according to the social practices to which they attach the truth of statements, I shall advocate a moderate pragmatism with respect to natural kinds in biology.

Species and Qualities. Notes on Anthropology and Animals

Jean Baptiste Eczet

Anthropology endlessly deconstructs essentialism as applied to various social groups, in a critical and political perspective. Following on the ontological turn, some works now intend to go beyond essential distinctions and species typologies to describe the continuum of agencies between living beings, in order to consider together hybrid collective forms that modern thought had arguably separated. Such an approach, derived from multi-species ethnography, claims to be inclusive and is set against the said naturalistic breach. But those animist-inspired approaches, which might be called the new metaphysics in anthropology, rely on one possible view of the human-animal relationship only. In view of practices adopted by the agro-pastoralist Mursi people in South-east Ethiopia, other modes of the human-animal relationship can be presented, with an original understanding of essences and species. Here human and bovine species, albeit clearly differentiated in their accomplished forms, rely on common qualities standing for essences : both colored and behavioral qualities. If that layout betokens a great integration of human and bovine communities, there is however no anthropomorphic extension of subjectivity, and bovines are not identified as equal subjects by morals or law.

FICHE DOCUMENTAIRE

1er TRIMESTRE 2023, N° 172, 128 PAGES

Dans son dossier, ce numéro des *Cahiers philosophiques* se confronte à la notion d'« espèce » autant dans l'ordre théorique – en biologie, en anthropologie ou en métaphysique – que du point de vue de ses usages juridiques et économiques au sein des dispositifs d'encadrement de la biodiversité.

La rubrique Introuvables présente et donne à lire le « De la symbiose » d'Heinrich Anton de Bary.

En complément, la rubrique *Situations* propose un entretien avec Pierre-Henri Gouyon, Professeur émérite au Museum National d'Histoire Naturelle.

Mots clés

Agriculture ; animisme ; anthropologie ; baptême ostensif ; biodiversité ; biologie ; biologie évolutive ; biotope ; clade ; cladisme ; Darwin ; Démocrite ; échantillon ; écologie ; espèce ; genre naturel ; Heinrich Anton de Bary ; interespèces ; Kripke ; monophylétique ; Mursi ; nomenclature (zoologique) ; OGM ; ostention ; P.-H. Gouyon ; pastoralisme ; phylogénétique ; pragmatisme ; symbiose ; taxinomie ; taxon ; théorie causale de la référence ; typification.

Textes clés de philosophie du végétal

Quentin Hiernaux

La chose est connue : parler des animaux, c'est parler des hommes. Mais parler des végétaux? N'est-ce parler que d'aménagement du territoire? Leur présence est vitale, nous ne le nions pas, mais faisons-nous autre chose que les réduire à notre usage? Et, pourtant, ce sont des êtres vivants : ils naissent, ils croissent, ils meurent, ils se reproduisent. Ils ont leur place dans l'évolution de la vie [...].

Aujourd'hui, l'exploitation industrielle domine nos rapports aux végétaux. Mais les questions demeurent. Les questions métaphysiques : le végétal a-t-il une individualité? A-t-il une mémoire? Comment réagit-il à son milieu? Et les questions éthiques se sont ajoutées. Est-ce assez que de dire : « il faut respecter la nature »? A-t-on affaire à des individus qui ont des droits? Faut-il administrer leurs rapports? Jusqu'où a-t-on le droit de les transformer?

Vrin - Textes clés
410 p. — 11 × 18 cm — 2021
ISBN 978-2-7116-2975-6, 14 €

Textes clés de philosophie de la biologie vol. I
Explication biologique, hérédité, développement

Jean Gayon et Thomas Pradeu (dir.)

La philosophie de la biologie, tout en reconsidérant les principes de la tradition philosophique (l'essence, l'individualité, la nature humaine), s'interroge sur les fondements conceptuels, théoriques et méthodologiques des sciences du vivant contemporaines. Parmi les questions les plus discutées, il y va aussi bien de la définition du gène que de l'interprétation des notions de sélection naturelle et d'adaptation, ou encore de la question des unités de sélection.

Les textes proposés dans ce premier volume sont à l'image des problématiques diverses et fécondes qui se sont développées ces cinquante dernières années. Ils traitent de l'explication biologique, de l'hérédité, et du développement [...].

Vrin - Textes clés
440 p. — 11 × 18 cm — 2021
ISBN 978-2-7116-2936-7, 16 €

Textes clés de philosophie de la biologie, vol. II
Évolution, environnement, diversité biologique

Jean Gayon et Thomas Pradeu (dir.)

Faisant suite au premier volume concerné principalement par les questions de l'explication biologique, de l'hérédité et du développement, ce second volume de philosophie de la biologie traite de l'évolution, de l'environnement et de la diversité biologique. La théorie de l'évolution constitue la principale théorie unificatrice touchant les êtres vivants. Éclairant d'un jour nouveau des questions philosophiques majeures, tels que le finalisme ou la définition des « espèces naturelles », elle conduit à l'examen plus particulier des concepts d'adaptation, d'espèce et d'unité de sélection. Les textes ici réunis permettent d'explorer aussi bien les enjeux proprement scientifiques que leur impact sur les dimensions épistémologiques et ontologiques des sciences du vivant contemporaines.

Vrin - Textes clés
542 p. — 11 × 18 cm — 2021
ISBN 978-2-7116-2957-2, 16 €

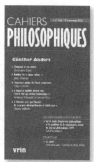

CAHIERS

Derniers dossiers parus

Cahiers Philosophiques

BULLETIN D'ABONNEMENT

Par courrier : complétez et retournez le bulletin d'abonnement ci-dessous à :
Librairie Philosophique J. Vrin - 6 place de la Sorbonne, 75005 Paris, France
Par mail : scannez et retournez le bulletin d'abonnement ci-dessous à : abonnement@vrin.fr
Pour commander au numéro : www.vrin.fr ou contact@vrin.fr

RÈGLEMENT

❑ France
❑ Étranger

❑ Par chèque bancaire :
à joindre à la commande à l'ordre de
Librairie Philosophique J. Vrin

❑ Par virement sur le compte :
BIC : PSSTFRPPPAR
IBAN : FR28 2004 1000 0100 1963 0T02 028

❑ Par carte visa :

_ _ _ _   _ _ _ _   _ _ _ _   _ _ _ _

expire le : _ _ / _ _

CVC (3 chiffres au verso) : _ _ _

Date :

Signature :

ADRESSE DE LIVRAISON

Nom
Prénom
Institution
Adresse

Ville
Code postal
Pays
Email

ADRESSE DE FACTURATION

Nom
Prénom
Institution
Adresse
Code postal
Pays

ABONNEMENT - 4 numéros par an

Titre	Tarif France	Tarif étranger	Quantité	Total
Abonnement 1 an - Particulier	46,00 €	60,00 €		
Abonnement 1 an - Institution	52,00 €	70,00 €		
			TOTAL À PAYER :	

Tarifs valables jusqu'au 30/06/2023

* Les tarifs ne comprennent pas les droits de douane, les taxes et redevance éventuelles, qui sont à la charge du destinataire à réception de son colis.

Achevé d'imprimer en septembre 2023
La Manufacture - Imprimeur – 52200 Langres – Tél. : (33) 325 845 892
Imprimé en France – N° 230704 – Dépôt légal : septembre 2023